Peggy Langhans

Kaffee am Beckenrand

Kurzgeschichten

Verlag Andrea Schröder

Bibliografische Information Der Deutschen Bibliothek:

Die Deutsche Bibliothek verzeichnet diese Publikation in
Der Deutschen Nationalbibliografie; detaillierte bibliografische
Daten sind im Internet über www.d-nb.de abrufbar.

Text:
Peggy Langhans
www.peggy-langhans.de

Cover und Grafik:
Saskia Lackner
www.saskia-illustration.de

ISBN 978-3-98648-049-3

1. Auflage

Verlag Andrea Schröder, Inh. Jens Koch, Bernau
www.verlag-andreaschroeder.com

Für Kerstin

Einzigartig sind wir.
Geschaffen aus dem Meer der Träume.
Leidenschaftlich schöpfend.
Verbunden im ewigen Fluss der Liebe.
Unique.

INHALT

PROLOG

„Zeig mir, wie du Auto fährst, und ich sage dir, wie du bist“, ist eine dieser Binsenweisheiten, die sich allzu oft als wahr herausstellt und vortrefflich auf eine der beliebtesten Freizeitaktivitäten übertragen lässt.

Nämlich:

„Zeig mir, wie du schwimmst, und ich sage dir, wie du bist.“

Schwimmen ist eine sehr ästhetische Sportart. Jeder Körper, egal, ob dünn oder dick, schwach oder stark, groß oder klein, kompakt oder zierlich, wirkt anmutig in seiner schwebenden Bewegung im Wasser. Einzigartig konstituiert und nur für dieses eine Individuum in diesem Augenblick geschaffen, ist er perfekt. Es ist ein Vorurteil zu behaupten, wer schwimmt, neigt zur Egozentrik, denn schließlich schwimmt jeder für sich. Wer schwimmt, verbindet sich und ist verbunden. Allein bereits durch das Wasser, das alle Schwimmenden zur selben Zeit miteinander teilen. Da kann es bei zuviel überschießender Energie Einzelner schon einmal zu unruhigem Wellenstrom kommen, gegen den dann alle anschwimmen müssen.

Am Beckenrand findet sich neben den abgelegten Habseligkeiten, Handtüchern, Badelatschen hin und wieder auch eine Thermoskanne mit Kaffee.

1. FEHLER IM SYSTEM

Er war schon besiegt, ohne jemals eine Chance zu gewinnen zu haben. Denn seine Brust teilt eine gut 30cm lange Narbe exakt mittig in zwei Hälften. Dort hatte man ihn nach seiner Geburt geöffnet, um nach seinem Herzen zu greifen. Und genau dort wird man ihn eher früher, als später wieder öffnen, um es ihm zu entreißen und gegen ein fremdes einzutauschen.

Blutrot sind seine sehnigen Füße, auf die bereits seit einer halben Stunde das heiße Wasser trifft. Geschlossen hat er seine Augen. Blind tastet seine rechte Hand in stets gleichem Takt nach dem Duschknauf, um den Strom wieder neu zu starten.

Wie oft noch? fragt er sich und drückt ein weiteres Mal den Knauf.

Unter seinen Füßen rinnt das Nass durch das Gitter des Abflusses.

Wahrscheinlich ist sie längst fertig mit dem Programm, was der Trainer ihnen vorgibt. Wahrscheinlich denkt sie nicht eine Sekunde an ihn. Wahrscheinlich werden sie sich heute verpassen.

Unter dem Badeanzug mit Stehkragen verkrampft sich seine Brust.

Es ist seine letzte Chance, sie zu sehen. Sie weiß nichts. Nichts von der Narbe unter seinem Badeanzug. Nichts von der Herzkatheder-Untersuchung in der nächsten Woche. Nichts von seinen Gefühlen.

Cool ist er. Der Einzige, der als Mann einen solchen Badeanzug trägt, der seine trainierten Muskeln markiert. Arrogant zieht er jedes Mal an ihr vorbei, um seine Überlegenheit zu demonstrieren. Lässig gibt er sich, wenn sie ein paar Worte am Beckenrand miteinander wechseln.

Er ist der beste Schwimmer in diesem Team. Dafür trainiert er hart. Jeden Tag. Im Wasser und an Land. Beweisen will er sich, dass er siegen kann. Sich und der Welt endlich zeigen, dass er Sieger ist. Ohne Pokal zwar, jedoch mit jeder Sekunde, die er schneller, als der Rest der Mannschaft ist, schwimmt er seine Siege ein. Jeden Meter, den er länger unter Wasser taucht, verschafft ihm einen Vorsprung zu den anderen. Ein permanenter Kampf, um zu überwinden. Die anderen. Sich selbst. Und schließlich diese verdammte Krankheit.

„Fuck", haut er mit Wucht auf den silbernen Knauf. „Warum ich?"

Eiskalt kriecht die Angst den Rücken hoch und schießt ihm in den Kopf. Heißer stellt er die Dusche und friert entsetzlich. Die Haut an seinen großen Zehen runzelt sich weiß an seinen krebsroten Füßen. Neblig hüllt der Dampf ihn ein, so dass er niemanden um sich herum wahrnimmt.

Ist er allein? Seine Teamkollegen sind vor einer halben Stunde durch den Duschraum gehuscht. Manch einer sprang gar nicht unter die Dusche, manch einer nur kurz und der letzte drehte sogar das Kaltwasser auf, um sich zu „schocken", wie er meinte. Er hielt ihm noch erwartungsvoll die Tür zur Halle auf mit dem Zuruf:

„Kommst du?"

„Gleich", hatte Karsten ihm geantwortet, so dass sein Kumpel die Tür achselzuckend ins Schloss fallen ließ.

Seitdem ist niemand mehr da gewesen. Keiner hat ihn bislang gesucht.

Mehr als Kumpels sind sie hier ohnehin nicht. Vielleicht nicht einmal das. Sie teilen ein Hobby, das sie wöchentlich zu diesem Training treibt. Mehr nicht. Er ist mit keinem ein Bier trinken gegangen. Das, was er von ihnen weiß, beschränkt sich auf wenige biographische Eckdaten, wie, aus welchem Büro jemand gerade kommt, wohin der nächste Urlaub geht oder welche Schule die Kinder besuchen. Ihm reicht das auch. Die Unverfänglichkeit der Gespräche, die nicht über einen Small-Talk hinausgehen, sichert ihm die Ruhe vor unangenehmen Fragen. Denn die muss er vermeiden, will er sich nicht die Blöße geben.

Zu den Frauen hat er noch weniger Kontakt. Sie bleiben meist unter sich, tauschen selten mal ein Wort mit ihren Teamkollegen und scheinen nicht besonders interessiert an ihnen zu sein. Ohnehin sind sie nur drei, die sich diesem Training jeden Dienstagabend stellen. Drei Frauen zu acht Männern. Eine von ihnen erscheint zudem recht unregelmäßig, zuweilen wochenlang gar nicht, so dass Freddy, wie der Trainer Frederike für Karstens Begriff viel zu lax, nennt, mit Sanni, als Abkürzung für Susanne, im Duo abhängt. Da ist kein Zwischenkommen, wenn die beiden jede Pause nutzen, um sich die Neuigkeiten aus einer Woche Abstinenz voneinander zu erzählen.

„Soll ich euch noch einen Kaffee vorbeibringen“, entrutschte es Karsten am vergangenen Dienstag, als er sie wieder am Beckenrand hängen und quatschen sah, während er hastig anschlug, um eine schnelle Wende für die nächste Bahn Schmetterling hinzulegen.

„Ja, klar!“, hatte Freddy mit einem Lächeln geantwortet, dass Karsten sich prompt an einem hochspritzenden Tropfen des gechlorten Wassers verschluckte.

Die ersten Meter rang er mit der Luft und damit, den Tropfen aus seiner Lunge wieder herauszuhusten. Natürlich, ohne dass er dabei das Schwimmen unterbrach. Er wollte nicht wie ein Idiot vor ihr aussehen, also schwamm er idiotisch weiter ohne Rücksicht auf Verluste. Nur den Stil hatte er klammheimlich von Schmetterling zu Kraul gewechselt, um zwischendurch ungestört abhusten zu können.

Ja, klar, wiederholte er mit jedem Zug ihre Antwort. Ja, klar. Patsch. Ja, klar. Husten. Ja, klar. Einatmen. Ja, klar.

Dabei war gar nichts klar. Und er sitzt seitdem in der Klemme. Wich ihr aus, als sie ihn ein weiteres Mal anlächelte, während er sich mit einem galanten Sprung aus dem Becken stemmte. Beeilte sich in der Umkleide, um möglichst vor ihr weg zu sein. Rüttelte an seinem eingerosteten Fahrradschloss, um sich schnell auf seinen Sattel zu schwingen und in einem Affenzahn davonzupreschen. Außer Sichtweite und Puste verlangsamte er sein Tempo und kroch die letzten Meter bis nach Hause dahin. Schweißgebadet fiel er in die Federung seiner Couch und starrte abwesend auf sein unsortiertes Bücherregal. Nicht einmal seine nassen Klamotten zog er aus seiner Sporttasche, um sie über den Trockner zu hängen.

Ja, klar.

Und dazu dieses Lächeln. Offen. Herzlich. Er meinte sogar, ihre blauen Augen strahlen gesehen zu haben.

Galt das wirklich ihm?

Auf seinem Phone war die obere Leiste mit den verschiedenen Symbolen der Messenger-Dienste dicht gefüllt. Keine Lust hatte er, auf auch nur eines davon zu klicken. Denn von ihr war unter Garantie keine Nachricht dabei. Sie waren nicht miteinander vernetzt.

Frederike Seliger, tippte er in eines der Portale ihren Namen ein.

Diesen hatte er jeden Dienstag auf der Anwesenheitsliste gelesen, da sein Name ihrem folgte.

Als erster Neukontakt erschien sie mit ihrem Lächeln auf seinem Display und wieder brach der Schweiß aus ihm heraus. Reflexartig warf er das Handy auf die Couch und legte den Kopf auf der Lehne ab.

Ja, klar.

Er brauchte nur auf den blauen Button „anfragen“ zu drücken, um zu erfahren, ob für sie wirklich alles so klar war. Aber wollte er diese Klarheit überhaupt. Wäre es nicht besser, er würde weiter einer Illusion folgen, einer Schwärmerei, von der sie nichts wusste? Warum hatte er sich zu dieser Bemerkung hinreißen lassen, die ihm obendrein nun dämlich erschien? Bislang war sein Leben doch ganz in Ordnung gewesen. Ein paar unverfängliche Flirts, sein Job als Dozent in der Erwachsenenbildung und der Sport waren für seine Begriffe genug. Schließlich konnte jeder Tag sein letzter sein. Diese Perspektive wollte er niemandem zumuten. Sie war für ihn selbst bereits eine Zumutung.

Ruckartig sprang er von der Couch, zog seine Wetterjacke aus, stellte seine Schuhe in die Ecke neben der Eingangstür zu seiner Wohnung im dritten Stock und wischte sich mit dem feuchten Handtuch aus seiner Sporttasche den Schweiß vom Gesicht, bevor er es zum Trocknen ausbreitete. Eigentlich hätte er etwas essen müssen. Doch dazu war er nicht in der Verfassung. Mit dem Rest Wasser aus seiner Trinkflasche spülte er den faden Geschmack in seinem Mund und den aufsteigenden Hunger herunter.

Warum lächelte sie ihn immer noch auf der Couch liegend an?

Ach, erinnerte er sich. Ich hab vergessen, das Display nach dem Unterricht heute wieder umzustellen.

Eine halbe Stunde lang würde sie ihn auf diese Weise anlächeln, bis die Abschaltautomatik einsetzte. Es sei denn, er machte das Handy vorher aus.

Eine halbe Stunde.

Genau so lange, wie er unter der Heißdusche zittert. Im Gegensatz zu seinem Handydisplay, das sich ohne sein Zutun nicht abschaltete, muss er hier alle paar Sekunden mit der flachen Hand auf den Knauf hauen, um den Strom in Gang zu halten.

Die Zeit steht still. Still. Gemessen in einer halben Stunde. Eine halbe Stunde Ewigkeit.

Eine halbe Stunde ihr Lächeln, bis das Schwarz das Lächeln auslöschte.

Eine halbe Stunde Heißkalt, bis der Strom im Abfluss versiegt.

Nicht dreißig Minuten waren und sind es, sondern eine halbe Stunde.

Eine Einheit. Keine Zerteilung. Ein Ganzes.

Kann er mit ihr ganz sein? Ungeteilt?

Er öffnete den Reißverschluss seines Hoodies und fuhr sich mit der Hand über den Riss in seiner Brust.

Wieviel noch? Zäh glitt diese Frage durch seine Gedanken.

Die klinische Untersuchung wird es ihm sagen. Unmissverständlich wird danach eine Uhr im Raum stehen, deren Zeiger stetig rückwärtswandern und dabei laut ticken, bis die Zeit abgelaufen ist. Seine Zeit.

„Ich wollte mich nicht verlieben, fuck!", schlug er auf das Couchkissen ein.

Dabei war es längst geschehen. Es hatte ihn erwischt, ob er wollte oder nicht.

„Ich wollte meine Zeit nutzen. Meins machen. Meins!", grollte er weiter.

Eine weitere Nachricht poppte auf und setzte ihr Lächeln wieder auf seinen Bildschirm.

„Shit", fluchte er.

Sie hatte sich in sein Herz gebrannt und befeuerte sein Blut, das glühend durch seine Adern schoss. Laut pochte es nun in seiner Brust und blockierte seine Gedanken. Aus dem Nebel stieg ihre Gestalt, ertönte ihre Stimme – Ja, klar. – blinzelte ihm ihr Lächeln entgegen.

Sie wird mich umbringen, dachte er noch, als sein Finger auf den Button glitt und darauf tippte.

„Anfrage läuft", war die Schaltfläche nun grau hinterlegt.

Von Blau zu Grau, wie ihre Augen, stellte er nüchtern fest.

Einen Augenblick überlegte er, ob er auf „Anfrage abbrechen" klicken sollte, aber zu spät. Sie hatte ihn bestätigt. Er gehörte jetzt zu ihren virtuellen Freunden.

Grün leuchtete der Punkt unter ihrem kreisrunden Profilbild, das in größerer Auflösung den Bildschirm füllte. Grün für Aktivität. Grün wie die Hoffnung.

Was steht in meinem Profil? Er schreckte auf und war auf einmal wieder vollkommen klar im Kopf. Ich hätte vorher danach gucken sollen. Mann, bin ich bescheuert!

Ausgerechnet auf dieser Plattform der Sozialen Medien ist er lange nicht wirklich aktiv gewesen. Ohnehin pflegt er diese Art der Kommunikation äußerst ungern und sporadisch, zuweilen nachlässig. Irgendwann war er, wie die meisten seiner Generation, auf dieser Seite gelandet, hatte sich ein Profil angelegt, das er so gut wie nie nutzte. Die wenigen virtuellen Freunde waren auch in der analogen Welt seine Freunde und die Familienmitglieder sah er ebenso häufig genug in der Realität. Dazu brauchte es diesen digitalen Begegnungsraum nicht.

Oh, Gott, was ist das bloß für ein Profilbild? Er besah sich sein Foto, das er als Selfie genau vor sieben Jahren beim Anlegen seiner Seite von sich aufgenommen hatte.

Die kurzen braunen Haare verwuschelt, seine Mimik konzentriert und sein Shirt spannte. Ein typisches Selfie eben.

Sein letzter Post war ein gutes Jahr her. Ein Comic-Bild, auf dem ein Baum mit Gesicht und fettem Stamm im Dauerregen steht. Vor ihm ein Schild: All-you-can-eat-Buffet. Über ihm die Sprechblase: Ich glaube, ich bin satt.

Es musste zu der Zeit viel geregnet haben, wenn solche Memes durchs Netz geisterten, schloss er für sich daraus.

Erinnern konnte er sich daran jedoch nicht mehr.

Sein Feed bestand aus Comics, Reels von Komikern und zuletzt der einen oder anderen Verlinkung zu einem Musikvideo seiner Lieblingsband JEREMIAS, die er neben einigen Deutsch-Rappern, Soul & Funk und Techno auf seinen Langstrecken beim Schwimmen hörte, seitdem er sie 2022 bei einem CRO-Konzert entdeckte. Seit einigen Tagen stand bei dem Song DA FÜR DICH der Repeat in Dauerfunktion. Er hatte den Titel EGOIST abgelöst, zu dem er vorher in Dauerschleife seine Bahnen zog. Der Drang nach Unabhängigkeit hatte sich in ein simples Bleib gewandelt. In seiner Music App hatte er eigens eine Playlist angelegt, die von UNIQUE angeführt wurde.

Unique – einmalig. Einzigartig. Eins.

Er wechselte vom Feed zu seiner Music App und startete den Song. Während vor seinem Fenster der Schneeregen im Schein der Straßenlaternen in dicken Flocken fiel, driftete er in einen lauen Sommerabend im Park ab. Ein paar Freunde, eine Bank, eine Flasche Weißwein, die kreist, und dieser Beat aus der Box. Ja, vielleicht auch einen Blunt, der für einen Moment die untergehende Sonne über den Dächern der Stadt und die Leichtigkeit des Seins noch ein wenig mehr romantisch verklärt und ihm den Mut verleiht, sie einfach zu küssen. Denn „Liebe braucht Mut", wie CRO und die anderen Rapper in dem Song ICH LIEBE ... in seinen Playlists besingen.

Am liebsten wollte er das Lied in seinem Feed teilen. Auf jeden Fall wird er ihn auf seinen MP3-Player ziehen, um ihn ab morgen beim Schwimmen im Loop zu hören. Er würde sich abwechseln mit DA FÜR DICH und ICH LIEBE ...

Wenn er für sich seine Ausdauer trainiert, begegnen sie sich nie. Als einer der ersten steht er jeden Morgen vor der Hallentür, um noch vor dem Unterricht seine 2.000 Meter zu absolvieren. Das ist ihr definitiv zu früh. Sie geht lieber nach ihrem Bürotag schwimmen. Und das auch nur ein- bis zweimal pro Woche zusätzlich zu ihrem Dienstagstraining. Das wiederum kann er nicht einrichten. Das Schwimmen am Abend. Durch seine Unterrichtstätigkeit in der Erwachsenenbildung sind fast alle Abende belegt, bis auf den Dienstag. Ein Schüler hatte ihn darauf gebracht, beim Schwimmen Musik zu hören, als sie allgemein darüber ins Gespräch miteinander kamen. Karsten fand das eine gute Idee. Viel Abwechselung gibt es schließlich nicht in so einer Halle. Und außerdem konnte er sich auf diese Weise perfekt von den übrigen Schwimmerinnen und Schwimmern abgrenzen und hatte morgens seine Ruhe. Mit den Kopfhörern auf, sprach ihn keiner mehr an, wenn er es nicht wollte.

Unique.

Ach, scheiß drauf, fasste er den Mut und teilte den Song in seinem Feed.

Es war sein erster aktueller Post, aber sie war nicht mehr online.

Das Wasser ist aus. Allmählich löst der Dampf sich auf. Durch die geschlossene Stahltür zur Halle dringen die Anweisungen des Trainers über das Rauschen der Lüftung.

Eine halbe Stunde. Dann ist das Training vorbei.

Eine halbe Stunde, die über alles entscheidet.

„Schöner Song! Ich liebe JEREMIAS! Bis Dienstag?", hatte sie ihm in einer Nachricht über den Messenger geschrieben.

Aber er hatte bis heute nicht darauf geantwortet, ihr nicht einmal signalisiert, dass er ihre Nachricht gelesen hatte. Lediglich durch die Voranzeige auf seinem Phone hatte er ihre Antwort auf seinen Post wahrgenommen und seitdem tunlichst vermieden, auf das Portal und den dazugehörigen Messenger zu gehen.

Alles ist so einfach. Ich mache es kompliziert, denkt er und greift nach seiner Schwimmbrille auf der Duschablage.

Sie ist nicht eine dieser oberflächlichen Girls, von denen die Stadt voll zu sein scheint und denen er ausweicht, seitdem er einige unschöne Erfahrungen mit ihnen gemacht hatte. Es genügte ihm, dass er zweimal eiskalt abserviert und geghostet wurde, nachdem es für seinen Geschmack doch recht angenehme Dates waren. Ja, er ist nicht der Typ für eine Nacht. Und ja, er ist nicht der Typ, der die Nächte in den Clubs durchfeiert. Dazu fehlen ihm oft der Atem und die Lust. Seine Interessen sind vielfältig, wie der Inhalt seines Bücherregals, der von Literatur der Klassiker über Sachtexte zur Pädagogik bis hin zu Ratgebern zum Segeln und Handwerken reicht. Ebenso vielfältig ist auch seine Musikauswahl. Über zwanzig unterschiedliche Listen füllen sein Profil mit mehrstündiger Klassik von Barock bis zur Neuzeit, Jazz von Freestyle bis Swing, Deutsch-Rap, Heavy Metal, Techno und Indies, die er immer wieder entdeckt, wenn er sich mit seinem älteren Bruder trifft und über das aktuelle auf dem Markt austauscht. Mit ihm zusammen war er auch auf dem CRO-Konzert gewesen, wo JEREMIAS als Vorband auftrat und er diese Newcomer für sich entdeckte.

Unique. Einzigartig.

So sieht ihn sein Bruder, weil er dieses Meer an Wissen nicht nur hat, sondern auch noch alles miteinander verknüpfen kann.

„Ich hatte ja auch massig Zeit dazu", entgegnete er stets mit einem Abwinken darauf. „Lag lange genug im Bett herum."

„Im Ernst: Das ist nicht normal, Bruderherz. Du bist was Besonderes. Die, die dich kriegt, kriegt 'nen Edelstein."

„Hm, eine tickende Zeitbombe."

„Zeit ist relativ, Bro! Genieß sie!"

Zeit ist relativ, erinnert er sich an den Ausspruch, den sein Bruder ihm jedes Mal um die Ohren haut, obwohl er ihn schon beim ersten Mal gehasst hat.

Eine im Prinzip hochwissenschaftliche Erkenntnis eines der berühmtesten Physiker verkommen zu einem Kalenderspruch.

Zeit ist relativ, blickt er auf seine wasserdichte Uhr.

Er hat noch immer eine halbe Stunde, um ihr zu begegnen, dabei hatte er das Gefühl, seit Stunden unter dieser Dusche gestanden zu haben.

Still steht sie. Die Zeit.

Still steht er. Der Kampf.

Kein Ringen mit der Zeit. Nicht mehr.

Ich liebe sie, gesteht er sich plötzlich ein. Ich liebe ihr Lächeln. Ich liebe ihre Leichtigkeit. Ich liebe das „Meer aus deinem Blick“ – eines der schönsten Zitate aus dem Song VERRÜCKT von JEREMIAS. Wenn ich jetzt nicht verrückt bin, werde ich verrückt.

Tief atmet er die warme, aber inzwischen wieder klare Luft um sich herum ein und legt seine Hand auf den Türgriff.

Ich will dich, ist er entschlossen. Ich will die Beziehung mit dir, Freddy. Und kostet sie mein Leben. Let’s go!

2. FRÜHLING IM ADVENT

Ein ungewöhnlich milder Windzug streifte ihr Gesicht, als sie die Tür zu ihrem Balkon öffnete, um die erste frische Luft an diesem Dezembertag einzulassen. Der alte Ahorn wiegte seine entlaubten Äste sanft im Dämmergrau des frühen Morgens. Aus wenigen Fenstern des gegenüberliegenden Hauses strahlte ihr Licht entgegen. In einigen leuchteten Schwibbögen und Weihnachtssterne. Doch die meisten waren noch dunkel wie der Winterhimmel.

Im Halbschlaf drückte sie auf den Knopf ihrer Kaffeemaschine zu einem Jazzsong, der ihr an diesem Morgen als Neuerscheinung vorgeschlagen wurde. Während Tom Gaebel aus ihrer Box besang, was er seiner Angebeteten wünschte, nämlich nur das Allerbeste, verteilte sie das Gel auf ihrer Bürste und putzte sich die Zähne.

Das Allerbeste bin ich, dachte sie dabei über den witzigen Text des Liedes nach, der ihre Laune hob. Hab ich das nicht gestern erst gehört?

Sie spülte sich den Mund und sah dann in den Spiegel über dem Waschbecken. Müde Augen blickten sie daraus an. Mit der Hand fuhr sie sich durch die mittellangen, braunen Haare, die bereits die eine oder andere hellere Strähne durchzog. In wenigen Wochen wird sie 43 Jahre werden und sie hatte nicht vor, sich die Haare zu färben und ihr Alter zu kaschieren.

Aber Franzi sollte ich mal wieder anrufen, beschloss sie. Ein neuer Schnitt ist fällig.

Kaffeeduft drang an ihre Nase, während sie ihr Duschbad und Shampoo in ihrem Rucksack verstaute. Eine Runde schwimmen, bevor sie wieder im Schwarz des Theaters abtauchte.

„Das muss Leidenschaft sein", hatte ihre Assistentin festgestellt. „Um die Zeit aufstehen. Und danach den ganzen Tag arbeiten. No!"

Constanze lächelte sie daraufhin an und drückte ihr das Regiebuch in die Hand.

„Die Änderungen müssen rein. Morgen früh brauch ich die Überarbeitung."

Nicht sonderlich motiviert nahm sie den Text an und entschwand damit in ihr Büro.

„Generation Z", resümierte hinter ihr eine männliche Stimme. „Die achten auf ihre Balance."

„Oder auf genügend Schlaf", schüttelte Constanze entgeistert den Kopf.

„Nicht das Schlechteste. Davon hätte ich jetzt auch gern mehr. Diese Umbesetzungen treiben mich bald in den Wahnsinn. Wie lange bin ich am Theater? 40 Jahre? Gefühlte 50? Aber das ... das habe ich noch nie erlebt. Noch nie! Ein Weihnachtsmärchen, das bisher zweimal in der Originalbesetzung gespielt werden konnte."

„Aber es konnte gespielt werden", versuchte sie, dem Ganzen einen positiven Anstrich zu verpassen.

„Auch wieder wahr", gab er zu. „Ohne dich würde ich das hier nicht durchstehen. Du bist die Allerbeste!"

Aus seinen grau unterränderten Augen und dem farblosen Gesicht mit den Dreitagebartstoppeln konnte sie entnehmen, dass er das absolut ernst meinte.

Wenn sich heute niemand krankmeldet, ist es das dritte Mal in der ursprünglichen Besetzung, dachte sie und goss die aufgeschäumte Milch in den Kaffee. Das wäre doch mal ein Highlight und ein ruhigerer Tag als die letzten Wochen. Den könnte ich gut gebrauchen.

Sie massierte sich den verspannten Nacken und trank den heißen Kaffee. Tom Gaebel sang noch einmal vom ALLERBESTEN und davon, wie er sich das Weihnachtsfest für sich vorstellte.

Weihnachten, gähnte sie. Den Großteil werde ich sowieso im Theater verbringen. Wie in jedem Jahr. Dafür geht's im Januar endlich auf die Kanaren und in die Sonne. Allein.

Vorgerückt war die Uhr. Viel zu weit vor, so dass sie die Tasse mit einem dumpfen Knall auf dem Tisch abstellte, ihren Rucksack und Schlüssel griff, während sie in ihre Schuhe stieg und den Mantel überwarf.

„Immer auf der Flucht", hatte Alex erst gestern wieder moniert, als sie ihn in der Kantine einsam zurückließ, obwohl sie noch nicht einmal ihre Pasta aufgegessen hatte.

„Du nicht?“, erwiderte sie darauf.

Grinsend stand er auf, nahm seinen halb geleerten Teller und stellte ihn zu ihrem auf den Rückgabe-Wagen der Küche.

„Lass uns wenigstens einen Kaffee mitnehmen, wenn wir schon die Pause durchmachen“, schlug er vor und sie folgte seinem Rat.

Als die Tür hinter ihr ins Schloss fiel, wollte sie reflexartig auf den Lichtschalter drücken, aber das war gar nicht notwendig. Denn in ihrem Hausflur war es hell. Ein bernsteinfarbenes Licht, in dem sie zwar alles gut erkennen konnte, das jedoch nicht so grell leuchtete wie das Treppenlicht. Irritiert sah sie sich um und machte die Quelle dieses Lichtes aus: Eine Leuchtschlange war zusammen mit künstlichem Tannengrün um das Geländer gewickelt und schlängelte sich dekorativ bis zum oberen Stockwerk des Altbaus hoch.

Wer war das? Sie hatte nicht die leiseste Ahnung.

Lächelnd schloss sie ihre Wohnungstür ab und ging langsamer als gewohnt aus dem Haus.

Sanft streichelte sie der Wind und eine Amsel zwitscherte über ihr in einem der Bäume am Straßenrand.

Wie im Frühling, bemerkte sie und federnd wurde ihr Gang.

Pünktlich erreichte sie die Schwimmhalle just in dem Moment, in dem die Pforten geöffnet wurden.

Ein kurzer Blick auf ihr Handy verriet ihr, dass an der Theaterfront alles ruhig geblieben war.

Unglaublich, freute sie sich. Das wird ein guter Tag.

Ihr Körper fühlte sich wohl in dem lauen Wasser, das an diesem Morgen Wenige mit ihr teilten. In gemäßigtem Tempo zog sie die ersten Bahnen und musste niemandem ausweichen. Ganz im Gegensatz zu den letzten Malen, bei denen sie eilig das Becken durchpflügte und Rahel die Augenbrauen kräuselte, weil sie so schnell wieder raus- wie reingesprungen war.

„Immer auf der Flucht“, kommentiert sie Constanzes Abgang.

„Und du chillst am Beckenrand mit deinem Kaffee“, schoss Constanze etwas unbeholfen zurück.

„Ich würde dich ja einladen, aber …“

„Nächstes Mal“, wich sie Rahel aus, warf sich ihr Handtuch über und eilte unter die Dusche.

Auch an diesem Morgen stand die silberne Thermoskanne wieder auf dem weißen Überflussgitter am Rand und Rahel schwamm mit elegantem Gleichmut durch das blau schimmernde Wasser. Fast gleichzeitig schlugen sie an und blickten einander in die Augen.

„Hast du noch Kaffee?“, fragte Constanze mit einem Zwinkern.

„Ach, auf einmal. Was ist passiert?“, reagierte Rahel perplex.

„Egal. Was ist?“

„Da ist gar keiner drin“, gab Rahel schmunzelnd zu.

„Alles bloß eine Finte. Ich bin losen Versprechungen aufgesessen“, spielte Constanze die Enttäuschte und drückte sich aus dem Becken raus.

Rahel tat es ihr nach und begleitete sie mit der Frage:

„Was machst du, wenn du nicht schwimmst?“

„Theater. Ich bin Oberspielleiterin, Schauspielerin und gerade Mädchen für alles. Den Kaffee kochen, Gott sei Dank, dazu andere. Das wäre nicht drin.“

„Das ist toll! Klingt beeindruckend.“

„So toll auch wieder nicht. Bald bin ich ganz im Schwarz des Theaterkosmos' verschwunden. Das hier ist mein einziger Kontakt zur Außenwelt. Was machst du?“

„Ich baue“, sagte Rahel trocken.

„Wie? Du baust. Was meinst du damit?“

„Na, ich baue so richtig mit den Händen, Mörtel und Zement. Zurzeit allerdings zuviel am Reißbrett. Ich bin Architektin.“

„Wow“, bewunderte sie Constanze. „Das kann ich nicht. Das, was ich baue, wird nach ein paar Vorstellungen wieder eingerissen.“

„Das musst du doch auch nicht können. Du bist in deinem Fach gut und ich in meinem. Es genügt, wenn du eins im Leben mit Liebe und

Leidenschaft tust. Aus vollem Herzen. Darauf kommt es an. Du musst dafür brennen."

„Ja, offenbar. Sonst würde ich das ganze Theater wohl nicht machen."

„Ich will noch mal etwas ganz allein nur für mich bauen. Bisher habe ich immer für andere konstruiert und gebaut. Jetzt bin ich dran."

„Das ist auch mein Traum. Eine eigene Produktion von vorn bis hinten. Das Stück von mir, die Ideen zum Kostüm- und Bühnenbild von mir und die Regie in meinen Händen. Keiner über mir, der mir sagt, was ich zu tun und zu lassen habe."

„Dann halte daran fest und mach ihn wahr!"

Constanze sah der Frau, die neben ihr lief, in ihr freundliches Gesicht. Genauso entspannt, wie sie schwimmt, wirkte sie auf sie. Aus ihren nussbraunen Augen funkelte es und es war, als würde die Sonne aufgehen, an diesem noch immer dunklen Morgen Mitten im Dezember.

„Hast du heute Abend schon was vor?", hörte sie Rahels Frage.

„Tatsächlich mal nicht", antwortete Constanze mit belegter Stimme.

Was geschieht hier gerade?

Kribbelnd stieg es aus ihrer Magengegend auf, erhöhte ihren Herzschlag und auf einmal fühlte sie sich wie ein schüchterner Teenager, der nicht mehr wusste, was er sagen sollte und schnell das Handy aus dem Rucksack im Spint zog, um der Situation zu entkommen.

„Lust auf einen Drink?"

„Warum nicht", sagte Constanze knapp.

„Schön. 19 Uhr? Oder früher? Ich kann alles einrichten. Bin ja unabhängig", lächelte sie Rahel an.

Aus ihrem hintergründigen Lächeln konnte Constanze die Doppeldeutigkeit des Wortes „unabhängig" herauslesen.

„19 Uhr passt", stockte Constanze der Atem, als Rahel nahe mit ihrer Duschtasche in Händen an ihr vorbeiging.

„Im Berio", zwinkerte ihr Rahel zu. „Bis heute Abend! Ciao!" und verschwand hinter der Tür zu den Duschen.

Heiß und kalt zugleich floss es durch ihren ganzen Körper.

Ich hab ein Date, begriff sie plötzlich. Und noch nicht einmal ihre Telefonnummer.

Da erst blickte sie wirklich auf ihr Smartphone und erschrak. In einer Viertelstunde musste sie im Theater sein, um die Regisseurin einer der nächsten Produktionen zu empfangen.

Die war schon am Telefon so ..., überlegte Constanze, während sie ihre Jeans über die noch nassen Beine zu zerren versuchte. Schwierig. Überreizt ... ach, einfach unangenehm.

Wesentlich jünger als Constanze sprach sie davon, wie performativ und speziell ihr Inszenierungsansatz wäre. Absolut innovativ. Denn schließlich brauchte das Theater eine dringende Entstaubung von den alten Rollenbildern und Stoffen. Viel Licht und Sound und eine gesellschaftsrealistische Lesart der Figuren wollte sie haben. Der Text war nicht wichtig. Auf die Performance käme es an. Das Ganze sollte trashig sein.

So weit so gut. Bislang hatte Constanze jedoch noch nichts Innovatives in ihrem Inszenierungsansatz entdecken können. Nichts, was Shakespeare nicht auch schon getan hätte.

Gerade wollte sie den Motor ihres Autos starten, da klingelte ihr Handy.

„Alex“, erschien der Name des Intendanten auf dem Screen.

„Wer ist krank?“, fiel sie mit der Tür ins Haus.

„Niemand. Moin, moin erstmal!“, begrüßte Alex sie noch morgenmüde kratzig.

„Schwätzer!“, erwiderte Constanze. „Moin! Das reicht. Mehr sagt man im Norden nicht.“

„Du bist ja gut drauf. Wie kommt’s?“

„Egal. Schieß los! Wo brennt’s?“

„Nirgendwo. Das Feuer ist aus. Die Beringer hat abgesagt. Kannst dir Zeit lassen.“

„Aha, und habt ihr einen neuen Termin vereinbart?“

„Nein, es gibt keinen mehr.“

„Das heißt ...“

„Jap, abgesprungen.“

„Warum?“

„Zu kompliziert. Die Arbeitszeiten. Sie hat sich doch entschieden, ihr Privatleben für eine Weile dem Theater vorzuziehen. Die üblichen Ausreden."

„Und nun?"

„Komm ins Büro. Lass uns nachdenken. Ich hab schon eine Idee. Bringst du Croissants mit?"

„Ja. Auch wieder eins mit Schokolade. Nur für dich", sagte Constanze, legte auf und startete den Wagen.

Mit dem Start schaltete sich auch das Radio ein. Sie erwartete, mit einem Weihnachtshit beschallt zu werden, stattdessen sang zu einem fast meditativen Gitarrenakkord der Sänger von blackwave davon, dass er genau da war, wo er gerade sein sollte. No PRESSURE. Keinen Druck von außen, sondern von innen heraus zu sein, wer man ist.

Noch immer fühlte sie sich warm und die markant geschnittenen Gesichtszüge Rahels standen ihr vor Augen, als sie der rot aufgehenden Wintersonne entgegenfuhr und ihre Sonnenbrille aufsetzen musste.

„Ich hole jetzt Croissants und heute Abend habe ich ein Date“, sprach sie laut und brach in ein Lachen aus. „Ein Date! Ich hab seit hundert Jahren kein Date gehabt.“

Sie senkte den Fuß auf das Gaspedal und holte alles an Geschwindigkeit heraus, was sie auf dieser kurzen freien Autobahnstrecke herausholen durfte.

Nach einem Zwischenstopp in der Bäckerei, passierte sie die Schranke zum Parkplatz und warf der Pförtnerin ein gut gelauntes: „Moin!“ durch das geöffnete Fenster zu.

Von der Kastanie zwitscherte ihr ein Rotkehlchen zu und Constanze schlenderte mit einem breiten Grinsen auf dem Gesicht und der Tüte Croissants in der Hand über den Hof zum Bühneneingang. Kurzentschlossen lief sie am Fahrstuhl vorbei die Treppen zur Intendanz hoch.

Warum ist die Intendanz eigentlich immer oben? Wahrscheinlich auch so ein Führungsding und Machtgebaren, überlegte sie. Der Chef sitzt oben. Über allen und allem. Das passt aber so gar nicht zu Alex. Der ist nicht von oben herab. Eher auf Augenhöhe mit jedem hier, ganz gleich, ob mit den Schauspielern, Technikern oder dem Wirtschaftspersonal. Die Fäden hält er in der Hand, aber er geht nie über andere hinweg. Deshalb sitzt er lieber in der Kantine oder in dem engen Besprechungsraum neben der Bühne, um zu arbeiten. Da ist er näher an den Leuten und am Geschehen.

„Und? Hast du eins mit Schokolade für mich?", kam er auf sie zu, als sie in sein Büro, in das die Sonne hereinschien, eintrat.

„Was denkst du", antwortete Constanze und drückte ihm einen wechselseitigen Kuss auf die unrasierten Wangen. „Bist du wieder hiergeblieben?"

„Eine Dusche hat mich noch nicht gesehen, wenn du das meinst. Und mein Bett, in dem meine Frau sicher noch liegt, auch nicht."

„Bist du sicher, dass sie da noch liegt?"

„Na ja, ist es denn schon 7.30 Uhr?"

„8.30 Uhr. Aber an ihrer Stelle wüsste ich nicht, ob ich da noch liegen würde, wenn ich meinen Mann nie dort zu sehen bekomme", sagte Constanze und verteilte die Croissants auf einem großen Teller.

Ausgehungert griff sich Alex sofort eines von ihnen und biss herzhaft hinein.

„Du meinst, ich sollte mal nachsehen?“, nuschelte er kauend.

„Hm“, nickte Constanze. „Bitte, dusch vorher!“

„Kaffee?“, bot Alex ihr an und drückte bereits auf den Knopf des Automaten. „Spaß beiseite. Ich habe eine Entscheidung getroffen. Und du kannst nur noch Ja oder Ja sagen.“

„Wow, ich habe keine Wahl. Ich bin begeistert.“

Sie setzte sich auf einen der schwarz gepolsterten Schwingstühle an den Konferenztisch und schlug ihre Beine erwartungsvoll übereinander.

„Du übernimmst die Regie vom SOMMERNACHTSTRAUM. Punkt“, bestimmte Alex und stellte ihr das Glas mit dem Milchkaffee auf den Tisch vor ihr. „Zimt?“

Sein schlanker Zeigefinger tippte auf den silbernen Streuer über ihrem Kaffee und der rostrote Gewürzstaub verteilte sich leise knisternd auf dem weißen Milchschaum.

„Was ist, wenn ich Nein sage?"

„Zum Zimt? Kein Problem. Dann gib den Kaffee mir und ich mach dir einen neuen", tat Alex bewusst begriffsstutzig.

„Untersteh dich", fasste Constanze schnell das Glas und setzte es an ihren Mund.

Achselzuckend ließ sich Alex auf das Sofa unter der Fotografie von einem herbstlichen Waldweg fallen, die die gesamte Seitenwand einnahm. Die Sonne beschien von außen nun derart dieses Naturmotiv, dass die Tautropfen an den Grashalmen glitzerten.

„Du wolltest doch Regie führen. Jetzt ist die Gelegenheit dazu. Mir haben deine Ideen sowieso viel besser gefallen als die von der Beringer. Du bist unkonventionell und verstehst dein Handwerk. Mach was draus."

„In Ordnung", willigte sie ein. „Kann ich dafür heute pünktlich gehen?"

„Das fragst du mich? Wer schiebt denn hier eine Überstunde nach der anderen? Ich darf gar nicht an die Gewerkschaft denken", stöhnte er.

„An die denke ich auch nicht. Dann lass uns jetzt das Team instruieren und danach reiten wir hier beide vom Hof“, sagte sie, wobei sie das „beide“ eindringlich betonte.

„Hab schon verstanden, Chefin“, gähnte Alex und reckte sich auf der Couch.

Ihre erste Regie an einer staatlichen Bühne. Kaum fassen konnte sie, was an diesem Tag geschah. Ein kompletter Neubeginn kündigte sich an und sie war aufgekratzt, wie mit Neunzehn als sie das Abitur in der Tasche hatte und in dieser Großstadt ihre erste eigene Wohnung bezog.

Der Duft von Glühwein schlug ihr entgegen, als sie die Treppen aus dem U-Bahn-Schacht in den abenddunklen Szenekiez erklomm. Seit Ewigkeiten war sie nicht mehr hier gewesen. Erinnerungen an alte Zeiten stiegen mit jeder Stufe, die sie nahm, in ihr auf. Durchtanzte Nächte, fremde Betten und Tränen des Glücks und der Verzweiflung. Irgendwann hatte sie der Szene den Rücken gekehrt, weil sie ihr oberflächlich und hip vorkam und sie sich nicht dazugehörig fühlte. Die Welt des Theaters und der Kultur gaben ihr den Freiraum, den sie benötigte, um so zu sein, wie sie war. Es spielte keine Rolle, wer wen liebte und mit wem wer zusammen war. Es war egal. Jeder nach seiner Façon.

Gleichzeitig, aus verschiedenen Richtungen kommend, erreichten sie das Café.

„Bitteschön", hielt ihr Rahel die Tür auf und ließ Constanze den Vortritt.

„Dein Tisch am Fenster im Wintergarten ist frei", sagte die junge Frau in stylischem Jeansoutfit hinter dem Tresen, kaum, dass sie das Lokal betreten hatten.

„Stammgast?", fragte Constanze Rahel, die ihren bunt bedruckten Seidenschal lockerte und sich durch ihre langen, glatten schwarzen Haare fuhr.

„Hin und wieder", strahlte sie Rahel an und geleitete sie zu dem Stahltisch in einer der vorderen Ecken der mit einem Zelt überdachten Straßenplätze.

„Was darf ich euch bringen?", fragte die Bedienung.

„Champagner“, bestellte Constanze.

„Gibt es was zu feiern?“, lächelte Rahel und durch Constanzes Körper pilgerte eine ganze Legion von Ameisen.

„Ich weiß nicht. Was meinst du?“

„Ich bin dabei. Champagner“, ging Rahel darauf ein.

Lange blickten sie einander in die Augen und wussten, dass sie an diesem Abend eine neue Geschichte begannen, während ein Vogel auf einem der Straßenbäume dazu sang. Inmitten des Gewühls der Stadt. Mitten im Dezember.

3. FEUER UND WASSER

„Sollen die Jungs den Kopf über Wasser halten beim Schwimmen?", fragt mit vor der Brust verschränkten Armen eine Frau den Trainer am Beckenrand.

„Nein. Ich bin froh, wenn sie überhaupt schwimmen. Hundert Meter ist die Aufgabe", antwortet er, ohne dabei den Blick von den stillos paddelnden Auszubildenden abzuwenden.

„Oh", ist sie konsterniert. „Und die sollen mich mal aus dem Wasser ziehen, wenn es heikel ist?"

„Sie sind ja noch in der Ausbildung und müssen den Rettungsschwimmer halt machen", sagt er und tritt einen Schritt zur Seite. „Keine Sorge. Es ist die Feuerwehr, nicht die Seenotrettung. Die sind gut ausgebildet. Andererseits sind wir dankbar für jeden jungen Menschen, der sich überhaupt damit abgibt. Kaum jemand kann doch noch schwimmen. Die hier probieren es wenigstens."

„Ja, probieren. Danach sieht es aus. Da kann man nur hoffen", echauffiert sie sich. „Dann trainiere ich mal lieber weiter, dass ich mir notfalls selbst helfen kann."

„Besser ist's, sie kommen gar nicht erst in eine solche Situation, aus der wir sie retten müssen", entgegnet er betont freundlich und sieht sie zum ersten Mal an.

Ihr schmales Gesicht ist faltig und vom Wetter gegerbt. Wesentlich kleiner als er steht sie neben ihm auf den Terracottasteinen, die die Morgensonne allmählich erwärmt. Das glitzernde Wasser spiegelt sich in ihren wachen grauen Augen und er entdeckt einen gewissen Charme und Humor in ihnen. Jedenfalls scheint sie nicht verkniffen und frustriert, sondern eine lebensfrohe und ihrer ganzen Erscheinung und Statur nach, eine sportbegeisterte Frau von geschätzt siebzig vielleicht sogar schon achtzig Jahren zu sein.

„Noch zehn Minuten, dann ist die Bahn für Sie frei", sagt er mit wärmerer Stimme.

„Die habe ich. Ist doch ein herrlicher Morgen", antwortet sie und dreht sich der Sonne zu. „Das muss man genießen. Diesen Luxus in der Stadt."

Er betrachtet sie von der Seite, wie sie ihre Augen schließt und sich von der Sonne bescheinen lässt. Glanz legt sich auf ihr Gesicht und bringt diese Frau zum Strahlen.

Fasziniert von dieser Erscheinung, vergisst er alles um sich herum.

Wer ist sie? Er kommt sich auf einmal schwerfällig und farblos vor, obwohl er ein durchtrainierter, mittelgroßer Mann in seinen Fünfzigern ist, der sich bislang als attraktiv und anziehend wahrnahm.

Neben diesem leuchtenden Energiebündel schrumpft er zu einem Häufchen Elend.

„Ich komme jeden Morgen hierher. Schwimme meine 1.500 Meter. Einen schöneren Tagesbeginn gibt es für mich nicht“, fährt sie fort und atmet die frische Luft ein, ohne dabei die Augen zu öffnen.

„Jeden Morgen?“, hakt er nach.

„Jeden“, bestätigt sie.

„Das ist Disziplin“, sagt er und Bewunderung schwingt darin mit.

„Vielleicht. Im Wesentlichen ist es Freude“, wendet sie sich ihm wieder zu und blickt ihm direkt in die Augen. „Wissen Sie, ich habe drei Männer unter die Erde gebracht, vier Kinder geboren und mein Leben lang gearbeitet. Jetzt bin ich dran."

Er will etwas darauf entgegnen, jedoch stockt ihm der Atem und mit offenem Mund sieht er sie nur erstaunt an.

„Ja, Freude", betont sie noch einmal. „Sehen Sie hin. Ihre Azubis quälen sich durchs Wasser. Das ist kaum zu ertragen. Sie sind jung. Lebendig sollten sie sein. Stattdessen treiben sie wie halbtote Heringe an der Oberfläche, die noch nicht einmal mehr ums Überleben kämpfen."

Halbtote Heringe, wiederholt er in Gedanken ihre Worte. Das sind sie wirklich.

Schweigend verfolgt er die patschenden Schwimmzüge einer dieser von ihr so bezeichneten Heringe. Er schnauft und keucht, als er seinen Ausbilder danach fragt, wie viele Bahnen er denn noch schwimmen soll.

„Acht", befiehlt er vom Beckenrand aus und maulend zieht der Schüler unwillig von dannen.

Mein lieber Schwan, denkt er, als er dem müden jungen Mann hinterhersieht. Deine Frau hat gerade ein Kind bekommen. Und was machst du? Zockst die Nächte durch und hängst tagsüber in den Seilen, anstatt dich um deine Familie zu kümmern.

Wütend kickt er einen der schwarzen Gummiringe von der Seite ins Wasser und herrscht den nächsten Azubi an:

„Tauch danach. Na los!"

Dieser schaut ihn zunächst perplex an, tut dann aber, wie ihm geheißen, und legt den Ring auf dem Rand ab.

„Geht doch", kommentiert er. „Und jetzt weiter. Hast noch acht."

Wann hatte das Sterben begonnen? Diese Lethargie, die auch ihn immer stärker befällt. Ganz leise und unscheinbar schleicht sie sich an und schläfert ihn langsam ein. Zunehmend mühsamer ist es, sich dagegen zu wehren.

Wie die Sirenen, die Odysseus mit ihrem süßen Gesang betäuben, denkt er. So dass er von seinem Weg abgebracht wird und sein Ziel aus dem Sinn verliert. Aber, wenn ich diesen jungen

Menschen mit Odysseus komme, wissen sie wahrscheinlich nicht einmal, wovon ich spreche. Und wer oder was sind die Sirenen?

Was hatte die Frau neben ihm anders gemacht? Warum blitzten aus ihren Augen ein reger Geist und offene Neugier?

Sie hat Feuer, schießt es ihm durch den Kopf. Nicht das Feuer, das wir löschen müssen, weil es zerstört, sondern ein nährendes, glühendes Feuer. Sie brennt von innen. Sie ist begeistert.

„Los, los, los“, feuert er eine Schwimmerin an, die im Gegensatz zu den Jungs Biss hat, obgleich er von ihr weiß, dass ihre Lebensumstände schwierig sind und sie sich durchkämpft allen Widrigkeiten zum Trotz.

„Das nenn ich eine Wende“, bewundert die ältere Frau. „Die habe ich lange geübt, bis ich sie mit Mitte fünfzig endlich konnte.“

„Mit Mitte fünfzig?“

„Ja“, lacht sie. „Da staunen Sie, was? Ich habe erst in meinen Fünfzigern überhaupt mit dem Schwimmen angefangen. Wahrscheinlich in ihrem Alter, nicht?“

Er nickt.

„Diese Möglichkeiten, wie sie heute da sind, hatten wir nicht. Frei- und Schwimmbäder an jeder Ecke, Schwimmkurse und vor allem Zeit. Die hatte ich noch viel weniger. Zeit, um einfach das zu tun, was ich tun wollte. Das musste ich mir erkämpfen."

Beide sehen der Schwimmerin hinterher, die in gleichmäßigem Kraul in der Mitte der Bahn an den übrigen der Mannschaft vorbeizieht. Selten dreht sie seitlich den Kopf aus dem Wasser, um zu atmen.

„Aber ich musste dazu auch erst wachgerüttelt werden. Krebs. Plötzlich sah meine Welt anders aus. Nichts war mehr normal", sagt sie nüchtern.

Dumpf brodelt ein Cocktail aus verschiedenen Emotionen in seinem Bauch, der leise glucksend grummelt. In der nächsten Woche steht der regelmäßige Check-up bei seinem Hausarzt an, vor dem er sich gern drücken würde. Denn schon beim letzten Mal hatte dieser ihm eindringlich geraten, auf das Bier am Abend zu verzichten und sich häufiger zu bewegen, um ernsthaften Erkrankungen vorzubeugen. Doch die Bequemlichkeit obsiegte und nach anfänglichen nicht allzu ernsthaften Bemühungen, seinen Lebensstil zu verändern, endete er wieder in den gewohnten Bahnen.

„Liebe und Leidenschaft", blickt sie ihn wieder an. „Sie müssen für etwas brennen. Egal, was. Hauptsache, Sie sind mit ganzem Herzen dabei. Das ist Lebendigkeit. Pures Sein. Ich hab dem Krebs ins Gesicht gelacht und begonnen, ich zu sein, indem ich mich bewegte, so wie ich es wollte. Im Wasser. Auf dem Rad. In den Bergen. Und beim Tanzen. Tanzen Sie?"

„Nein", antwortet er knapp.

„Das sollten Sie", ermutigt sie ihn mit einem Zwinkern. „Machen Sie das Parkett unsicher und geben Sie keinen Cent darauf, was die anderen von ihnen denken."

Damit hatte sie den Finger in die Wunde gelegt, und das Brodeln in seinem Bauch entzündet sich zu einem schmerzhaften Brennen.

Was kann ich eigentlich? So verurteilt er sich selbst. Ein Wunder, dass ich diesen Job mache. Ein Wunder, dass ich ein halbwegs anständiges Leben mit meiner kleinen Familie führe. Ein Wunder, dass ich nicht zum Sozialfall wurde.

Schließlich war er ein durchschnittlicher Schüler gewesen, der das Abitur mit Ach und Krach bestand. Wichtiger als Mathe und Physik war ihm seine Clique bei der Feuerwehr, mit der er jede freie Minute verbrachte. Er konnte stundenlang mit ihnen die Einsatzwagen putzen, die Ausrüstung auf Vordermann bringen und dabei laut Musik hören.

Plötzlich bricht er in schallendes Gelächter aus, so dass die Frau ihn fragend ansieht.

„Tanzen", prustet er. „Wissen Sie, wozu meine Tochter heute Morgen im Badezimmer abrockte? Das glaubt mir keiner. Die Tochter des Feuerwehrhauptmanns hottet zu GIRL ON FIRE und singt von schief nach schräg. So entsetzlich, dass meine Frau und ich uns die Finger in die Ohren stopften, weil sie lauthals durch das ganze Haus kreischte. GIRL ON FIRE ..."

Er schüttelt sich vor Lachen, die Frau neben ihm lacht mit und der Schmerz in der Magengegend löst sich auf.

„Ach“, seufzt er. „Das tut gut. Ich hab schon lange nicht mehr so gelacht.“

Mit dem Handrücken wischt er sich eine Träne von der Wange.

„GIRL ON FIRE ...“, wiederholt er schmunzelnd. „Das ist wirklich gut.“

„Und nächstes Mal singen Sie mit“, ermuntert sie ihn.

„Das überlebt meine Frau nicht. Zwei, die nicht singen können. Einer tief, eine hoch. Die totale Kakophonie morgens um 6:45 Uhr im Bad.“

„Na und. Sie trauen sich nicht. Tun Sie's einfach. Das ist befreiend. Was gibt es Schöneres? Singen, tanzen, spielen“, schwärmt sie. „Ein Kind denkt nicht darüber nach, was jemand von ihm hält, wenn es in seinem Spiel versunken ist. Es ist in diesem einen Moment. Und dabei wunderschön, weil es es selbst ist. Die Bahn ist jetzt frei?“

„Oh, ja, natürlich“, bestätigt er ihr.

Er hatte gar nicht bemerkt, dass seine Azubis inzwischen aus dem Wasser gestiegen waren und sich hinter ihm zu einer schwatzenden Gruppe versammelten.

„Alles Gute“, wünscht die Frau ihm und springt mit einem exakten Startsprung ins Becken.

Wie eine Wassernymphe gleitet sie dahin. Leicht und verspielt.

„Dürfen wir gehen?“, fragt einer seiner Schützlinge.

„Ja“, antwortet er ihm. „Bis morgen.“

Dann greift er sein Handy und wählt die Nummer seiner Frau.

„Was hältst du davon, wenn wir heute Abend ausgehen?“, überfällt er sie. „Karaoke? Club? Nur wir Zwei. Ohne unser Girl on Fire ...“

4. DURCH DIE WAND

Schnorchelnd tropft der Filterkaffee durch die Maschine in die weiße Thermoskanne. Die rote Digitalanzeige über dem Schwimmbecken leuchtet auf 06:23 Uhr.

Noch sieben Minuten, dann ist die Ruhe vorbei, wenn die Frühschwimmer und Triathleten durch die Halle tapsen.

Aus dem billigen Kofferradio dudelt Spandau Ballet. Gedankenverloren verfolgt er den Song, in dem es um das Durchbrechen von Barrikaden, um Streit, Liebe von zwei Seiten und Narben geht.

„Da es nichts mehr zu verlieren gibt, gibt es alles zu verlieren", murmelt er die Übersetzung einer der Textzeilen vor sich hin. „Through the barricades. Du bist wie eine Wand. Eine Wand. Eine Barrikade ..."

Das hatte Phillip ihm heute Morgen an den Kopf geknallt, bevor Konstantin, ohne ein Wort darauf zu erwidern, grußlos die Tür hinter sich ins Schloss fallen ließ.

„Eine Wand“, sinniert er, als die Kaffeemaschine zischend den Filtervorgang beendet und der Sprecher für die besten Hits der 80er und 90er Jahre seines Radiosenders wirbt.

„Guten Morgen, Konstantin! Schon so früh hier“, bemerkt einer seiner Kollegen aus der Riege der Bademeister. „Hast du die Kinder nicht erst ab 8 Uhr?“

„Hm“, bestätigt ihm Konstantin. „Bin geflüchtet.“

Der etwa gleichaltrige Kollege mit syrischen Wurzeln mustert ihn mit einem besorgten Ausdruck in seiner Mimik.

„Schon wieder“, sagt er. „Hör auf damit! Das ist kein Witz. Flucht ist niemals gut. Hörst du!“

„’tschuldige“, lenkt Konstantin ein. „Ist gleich Halb.“

„Du weichst aus“, beharrt Gibran. „Gieß Kaffee ein. Hier. Frischer Kardamom.“

Er zieht ein Tütchen mit einem grünlich-weißen Pulver aus seiner Hosentasche und hält es Konstantin unter die Nase.

„Man könnte dich glatt für einen Dealer halten“, grinst Konstantin breit.

„Nicht, wenn sie daran riechen“, öffnet Gibran das Tütchen.

Konstantin atmet den frischen Duft des Gewürzes ein, bevor er eine gehörige Prise davon in die beiden Becher rieseln lässt und darauf den Kaffee einschenkt.

„Was ist los?“, fragt Gibran, der sich auf den Drehstuhl am Steuerpult gesetzt hatte.

„Streit. Dicke Luft. Seitdem wir zusammenwohnen, knallt es“, resümiert Konstantin und wärmt sich dabei seine Hände an seinem roten Kaffeebecher. „Wenn ich so weitermache, ist Phillip weg. Und ich würd’s verstehen.“

„Guten Morgen“, begrüßt Gibran höflich und mit zugewandter Aufmerksamkeit eine der Frühschwimmerinnen, die jeden Tag unter den Ersten ist, die ins Wasser springen.

Dabei wirkt er weder aufdringlich noch übergriffig, stellt Konstantin wiederholt fest.

„Wie machst du das?“, will er von Gibran wissen. „Du hättest doch allen Grund, wütend zu sein.“

„Dafür kann die Frau doch nichts“, antwortet er ihm und lehnt sich in seinem gepolsterten Stuhl lässig zurück. „Sie hat mir nichts getan."

„Hast recht", pflichtet ihm Konstantin kleinlaut bei. „Aber ..."

„Nichts aber, mein Freund", unterbricht Gibran ihn. „Gegen wen richtet sich Hass? Wem nutzt er? Niemandem. Er schadet nur dir. Nur dir selbst. Macht dich unglücklich. Ich will nicht für den Rest meines Lebens unglücklich sein."

„Du meinst, ich mache das selbst?", dämmert es Konstantin. „Ich verursache den Streit?"

„Möglich", bestätigt ihm Gibran seine Vermutung. „Vielleicht macht dir die Nähe Angst. Und du hast dichtgemacht. Flüchtest in deine Festung. Ein guter Schutz, ja, wenn die Kugeln fliegen. Aber sie fliegen nicht. Schon bemerkt? Der Krieg ist vorbei. Du bist in Sicherheit."

Konstantin fehlen die Worte. Still nickt er und bewundert innerlich diesen Mann, der alles verloren hat und sich fern seiner Heimat eine neue Existenz aufbaut und inzwischen fast fließend diese ihm fremde Sprache spricht.

Und ich kann nicht ein Wort Arabisch, denkt Konstantin dabei. Geb mir keine Mühe, es zu lernen. Setz einfach voraus, dass du dich mir anpasst, was du auch ohne Widerworte tust. Du willst schließlich in meinem Land leben. Wie überheblich ist das, bitte schön. Warte. Ist Phillip nicht bei mir eingezogen? Habe ich letztlich die gleiche Erwartung an ihn? Und wenn er sie nicht erfüllt, mauere ich? Wovor habe ich Angst? Angst, mein Terrain zu verlieren? Angst um meine Existenz? Angst vor Verlust? Dabei ist die Wohnung groß genug. Es wäre unsinnig gewesen, sich gemeinsam eine neue zu suchen.

„Du sprichst echt gut Deutsch", lobt Konstantin Gibran.

„Danke", lächelt ihn Gibran herzlich an. „Ich geb mir Mühe."

„Absolut. Bald bist du besser als mancher von denen, die damit aufgewachsen sind. Was hältst du davon, wenn du mir jeden Tag ein Wort Arabisch beibringst?", schlägt er Gibran vor.

„ʾinnahu laman dawāʿī surūrī“, antwortet dieser ihm und übersetzt: „Es ist mir eine Freude.“

„Sag’s nochmal“, fordert ihn Konstantin auf.

„ʾinnahu laman dawāʿī surūrī“, wiederholt Gibran langsamer.

„ʾinnahu laman dawāʿī surūrī“, liest Konstantin von seinen Lippen ab.

„Gut“, applaudiert ihm Gibran.

„Morgen, ihr Zwei!“, steckt Alma ihren Kopf in die Bademeisterkabine. „Hast du für mich Zeit, Konny?“

„ʾinnahu laman dawāʿī surūrī“, sagt Konstantin. „Das ist Arabisch. Oder soll es mal werden.“

„Aha“, kommentiert die durchtrainierte junge Frau im Sportbikini mit skeptischem Unterton. „Und was heißt das?“

„Es ist mir eine Freude“, übersetzt Konstantin, geht auf sie zu und begrüßt sie mit einem wechselseitigen Kuss auf die Wangen. „Guten Morgen! Was gibt’s denn?“

„Können wir allein sein?“

„Ja. Lass uns da rüber gehen“, führt er sie zu einer der beheizten Steinsitzbänke zwischen den Schwimmbecken.

„Ich wechsele in ein Olympiateam. Keine Ahnung, ob ich’s packe, aber ich will es wenigstens probieren. Sie trainieren jedenfalls dafür und ich hab’s geschafft, reinzukommen“, platzt sie sofort heraus.

„Toll“, entfährt es Konstantin. „Das ist ... ja ... das ist toll! Klasse! Gratulation!“

Er umarmt sie so fest, als wollte er sie nicht mehr loslassen.

„Du weißt, was das bedeutet?“, löst sie sich aus seiner Umarmung und versucht, ihm in die Augen zu sehen.

Aber er weicht ihrem Blick aus und schaut stattdessen auf den gefliesten Boden unter seinen nackten Füßen. Dabei fällt ihr zum ersten Mal auf, dass er, solange sie ihn kennt, barfuß läuft. Sie hat noch nie Badelatschen an seinen Füßen gesehen.

„Wir werden nicht trainieren“, sagt er kühl und abwesend.

Seine Gedanken schweifen hin zu dem Moment vor einigen Monaten, als sie nach einer längeren Pause, in welcher sie mit dem Landesteam trainierte, zum Einzeltraining mit ihm zurückkam. Da saßen sie, wie heute, auf dieser Steinbank. Er hatte nicht gedacht, dass er sie jemals wiedersehen würde. Während des Vierteljahres, in dem sie weg war, hatten sie nicht einmal miteinander telefoniert.

„Ich wollte dich anrufen. Ich wollte dich sprechen, aber …“, sagte sie damals zu ihm und ihre Augen trübten sich ein.

„Aber was?“, fragte er sanft.

„Ich konnte nicht. Da war eine Mauer. Eine Mauer, durch die ich nicht durchkam, an der ich abprallte“, spach sie die Wahrheit aus.

„Eine Mauer“, wiederholte er und die Traurigkeit überzog ihn, wie ein schwarzer Schatten, der sich um ihn legte.

Da war sie wieder. Die Mauer. Der Schutzwall. Ausgerechnet bei ihr. Bei dem Menschen, der ihm am wichtigsten und liebsten war.

„Das … das …“, stammelte er. „… tut mir leid. Das wollte ich nicht. Wirklich nicht. Schon gar nicht bei dir.“

„Wenn ich mit den anderen zusammen bin, bin ich im Team. In einer Gruppe. Ich brauche nicht die Aufmerksamkeit einzeln auf mich. Die habe ich doch bei dir“, führte sie weiter aus.

„Ich dachte …“, hakte er leise ein und traute sich kaum, weiterzusprechen. „Ich dachte, ich bin das Geringste und Unwesentlichste in deinem Leben. Der Ast, den du am leichtesten absägen kannst. Sobald ich nichts mehr für dich tun kann, wirst du mich vergessen. Du wirst andere finden, die für dich wichtig sind. Und dann bin ich höchstens eine Episode. Vielleicht nicht einmal das.“

„Eine Episode?“, war sie fassungslos. „Du bist mein Anker. Du bist der, der hinter mir steht. Der, durch den ich überhaupt diese Kraft habe, so selbstbewusst aufzutreten. Bei jedem Wettkampf. Bei jedem Training. Immer. Wie könnte ich dich jemals vergessen?“

Verzweiflung mischte sich in ihrem Blick mit einem Schwall Hilflosigkeit. Er hatte keine

Ahnung davon gehabt, was er in ihr auslöste. Die Erinnerung an den Tag, an dem sie ihm eröffnete, dass sie in dieses Team wechselte, das für den Landeswettkampf trainierte, stieg in ihm hoch.

„Das heißt nur, dass wir eine Pause einlegen. Nichts weiter. Danach komme ich wieder“, hatte sie zu ihm gesagt.

„Ich weiß“, hatte er darauf entgegnet und genau in diesem Augenblick seinen Schutz errichtet. „Ich bin jederzeit für dich da, wenn du mich brauchst.“

Doch hatte er das Gefühl, sie würde ihn nun nicht mehr brauchen. Sie ging. Und das für immer. Seine Arbeit war erledigt. Aus professioneller Sicht, ein ganz normaler Vorgang. Über die vielen Jahre des gemeinsamen Trainierens war da jedoch mehr als nur eine professionelle Verbindung. Ein freundschaftliches Vertrauen war zwischen ihnen gewachsen. Und deshalb versetzte diese erste lange Trennung ihm einen Stich. Um sich gegen den Schmerz zu wappnen, ihn nicht fühlen zu müssen, errichtete er innerlich seinen Schutzschild und verhielt sich nach außen distanziert. Es nutzte nichts, dass sie sich in dieser Zeit Nachrichten schickten und darüber einen sporadischen Kontakt hielten. Sie spürte seine Unerreichbarkeit, obwohl er sich wünschte, dass sie ihn erreichte. Er hatte sich gut verbarrikadiert und sie nicht den Mut, diese Barrikaden zu durchbrechen.

„Bitte, durchbrich sie. Bring die Mauer zum Einstürzen. Du darfst das. Und noch etwas: Es liegt nicht an dir. Ich. Ich bin es, der das tut. Ich weiß auch, warum. Verzeih mir. Das ist alles, worum ich dich bitten kann."

„Tu das nicht", legt sie ihm sanft ihre Hand auf seine Schulter und holt ihn damit zurück aus seinen Erinnerungen in das Hier und Jetzt. „Mach nicht den gleichen Mist wie damals. Ich verlasse dich nicht. Und du verlässt mich nicht. In Ordnung?"

Langsam hebt er seinen Kopf und sieht sie liebevoll an. Sie kennen sich, seit sie bei ihm das Seepferdchen mit kaum fünf Jahren machte. Ein Naturtalent entdeckte er in ihr, das er fortan förderte, wo und wie er konnte. Es ist auch sein Verdienst, dass sie heute diese Schritte geht und einen Wettkampf nach dem anderen gewinnt, dabei jedoch nie die Freude am Schwimmen verliert. Über die vielen Jahre sind sie einander so vertraut geworden, dass sie die winzigste Wesensäußerung im Verhalten des jeweils anderen lesen und deuten können. Eine solche Verbindung ist selten und außergewöhnlich. Umso mehr fürchtet er, sie zu verlieren.

„Kommst du zum Essen zu uns?“, fragt er und nimmt ihre Hand. „Du hast noch nicht gesehen, wie Phillip alles umgebaut hat. Ich koch auch dein Lieblingsgericht.“

„Deine mediterrane Gemüsepfanne mit viel Schafskäse und ordentlich Knoblauch? Schön scharf? Und Bulgur?“, schwärmt sie.

„Genau die“, lacht er über ihre plötzliche Leichtigkeit und Freude, die aus ihr strahlt.

„Da bin ich dabei. Heute Abend?“

„Heute Abend“, stimmt er zu.

„Deal“, schlägt sie ihm auf den nackten Oberschenkel, der unter seinen blauen Shorts hervorlugt. „Ich bring den Weißwein mit. Welches Programm hast du für mich?“

„Fang mit Vierhundert Meter Lagen an“, erhebt er sich von der Bank. „Ich sag Phillip Bescheid.“

„Das dauert länger“, zwinkert sie ihm zu. „Da mache ich mal mit Ausdauer weiter, oder?“

„Eigentlich hatte ich das Sprint-Programm für dich heute im Visier. Bin gleich wieder da“, läuft er zur Bademeisterkabine, während sie sich die Schwimmbrille aufsetzt und mit einem galanten Startsprung ins Wasser taucht.

„Phillip“, spricht er ins Telefon. „Das war blöd von mir heute Morgen. Ich bin … ja … du hast recht … Du bist das Beste, was mir passieren konnte. Ich liebe dich. … Ich will nicht ohne dich sein, hörst du. Ich will dich nicht verlieren.“

5. SPÄTES LICHT

Seit Tagen, gefühlten Wochen, ist der Himmel grau in grau. Ein Regenschauer folgt dem vorherigen und in den nicht versiegenden Pfützen auf den Gehwegen spiegeln sich die nassen Holzgerippe der Straßenbäume. Das Licht der Laternen erlischt spät am Morgen und flackert bereits früh am Nachmittag wieder auf.

Die Scheinwerfer der entgegenkommenden Autos blenden sie so, dass sie deren Fahrer für ihre Unverantwortlichkeit verflucht, das Fernlicht im Stadtverkehr zu benutzen.

„Arschloch", wettert sie und schlägt mit der Hand aufs Lenkrad, während sie mit dem Fuß die Bremse durchtritt, um wenige Zentimeter hinter den signalroten Rückleuchten des schmutzigweißen Lieferwagens vor ihr zu stoppen.

Zu spät, grollt sie. Ich bin zu spät. Hätt ich doch den Kaffee vorhin nicht verschüttet ... ich geh zu spät ins Bett ... früh komm ich nicht raus ... ich krieg nichts auf die Reihe. Nichts.

Das Rot der Ampel springt auf Grün und endlich rollt die Kolonne in der gewünschten Geschwindigkeit vorwärts.

Dabei ist das mein einziges Highlight am Tag. Das Schwimmen. Und ich mach's mir kaputt, weil ich so unorganisiert bin. Ich bin echt kaputt, verurteilt sie sich und parkt wütend in der erstbesten Lücke mehr schlecht als recht ein.

Aus dem Kofferraum holt sie den Sportbeutel und ihr Blick fällt dabei auf ihre Aktentasche. Einen Moment überlegt sie, ob sie sie sicherheitshalber mitnimmt.

Bei meinem Glück wird mir der Laptop noch aus dem Auto geklaut, denkt sie. Ach, was soll's. Ich lass ihn drin. Hab keinen Bock, mir meinen Job auch noch ins Schwimmbad mitzuschleppen. Reicht schon, wenn ich zuhause über die Probleme Anderer nachdenke.

Entschieden knallt sie die Hecklappe zu, schultert ihren Rucksack und spurtet zum Eingang.

„Karte ungültig", erscheint weiß die Schrift auf einem kreisrunden roten Hintergrund des schwarzen Bildschirms, nachdem sie sich den Oberschenkel an einem der Stahlarme, die den Durchgang versperren, gestoßen hat.

„Autsch! Auch das noch“, entfährt es ihr laut.

„Die ist gestern abgelaufen“, erklärt ihr freundlich die Mitarbeiterin hinter der Kasse.

„Dann geben Sie mir ein Ticket“, sagt sie und kramt in ihrem Rucksack nach dem Portemonnaie.

Zu unterst findet sie es und ist froh darüber, dass die Kassiererin ihr währenddessen nicht die verschiedenen Ticketvarianten aufzählt, sondern ihr einfach das passende ausdruckt und ihr im Wechsel zu ihren Münzen unter der Scheibe durschiebt.

„Viel Spaß!“, wünscht sie ihr noch, doch sie winkt ab, zieht hastig ihre Schuhe und Strümpfe aus, um barfuß zur Umkleide zu eilen.

Unter dem grellen Licht der Neonröhren steigt sie schnell aus ihren Jeans, zerrt ihren Pullover über den Kopf und stopft alles in den Schrank. Als sie diesen verschließen will, klemmt der Schlüssel und lässt sich weder vor- noch zurückdrehen.

„Nicht mein Tag", schimpft sie, rafft all ihre Sachen wieder heraus und bugsiert sie in den Spint nebenan.

„Na, endlich", atmet sie auf, da dieser Schlüssel leichtgängig schließt.

Im Gehen versucht sie, das rote Schlüsselband um ihr Handgelenk zu winden und mit dem Verschluss daran zu sichern. Dabei sieht sie auf ihre nackten Füße und stellt fest:

Vergessen. Die Flipflops. Jetzt fehlt bloß, dass ich mich auf dem nassen Boden hinlege. Das wär's.

Zu ihrem Erstaunen ist der Weg zum Schwimmbecken nahezu trocken und die sie umgebende Luft angenehm warm. Aber als sie ins Wasser taucht, entfährt es ihr japsend:

„Arschkalt."

Nicht lange am Rand ausharrend, stößt sie sich ab, um ihr tägliches Pensum zu absolvieren. Dabei sieht sie weder nach links noch nach rechts, sondern ist ganz bei sich. Ihr Körper gewöhnt sich mit jedem Zug an die Temperatur und ihr Atemrhythmus passt sich ihrer gleichmäßigen Bewegung an. Nach den ersten vierhundert Metern ist sie im Einklang und die Querelen des Morgens zerplatzen in den beim Ausatmen an die Oberfläche steigenden Luftbläschen.

Auf einmal erscheint ihr ihr Leben gar nicht mehr chaotisch und verfehlt zu sein. Irgendetwas muss sie richtig gemacht haben, denn gestern setzte sich in der Mittagspause ein Kollege zu ihr, den sie zwar beachtet hatte und der ihr aufgefallen war, aber mit dem sie bislang kaum zusammenarbeitete. Umso überraschter war sie, als er ihr sagte:

„Danke, dass du mich motiviert hast!"

„Aber ich hab doch gar nichts getan", wehrte sie ab.

„Doch. Eine ganze Menge. Durch dich habe ich den Auftrag gerockt, ihm Struktur verliehen und das Projekt für uns an Land gezogen."

„Das hast du schon selbst erledigt. Ich hab da keinen Anteil dran."

„Erinnerst du dich an unser Gespräch vor ein paar Wochen?"

Sie schüttelte den Kopf.

„Da hast du zu mir gemeint, ich sollte stolz auf meine Leistung sein. Mich darüber freuen. Mir ansehen, was ich schon geschafft habe. Und dann einfach weitermachen mit eben dieser Begeisterung. Deine Worte hatte ich immer im Ohr. Besonders, als es total verfahren und völlig aussichtslos war. Als ich dachte, ich hätte die Karre in den Sand gesetzt. Da hast du mich wieder rausgeholt."

„Aha", entgegnete sie zweifelnd. „Du solltest nicht zu oft daran denken."

„Warum nicht? Es motiviert ... du motivierst mich. Das ist doch gut. Jedenfalls freue ich mich immer, wenn du hier bist und wir uns sehen."

Darauf konnte sie nichts erwidern. Sie wusste nicht, wie sie diese unerwarteten Komplimente einordnen sollte. Sie hatte für ihren Begriff wirklich nichts getan, außer dass sie das eine oder andere Wort mit ihm wechselte. Und das zumeist nur zwischen Tür und Angel.

„Du hast keine Ahnung, was ich meine, stimmt's?", erfasste er ihre Ratlosigkeit. „Du musst gar nichts tun, weil du präsent bist. Du bist da. So, wie du bist. Verstellst dich nicht. Bist authentisch. Du bist du. Und das genügt. Durch dich kann ich ich sein."

Durch dich kann ich ich sein, wiederholt sie seine letzten Worte, legt ihre Füße auf dem Beckenrand ab und streckt sich von dort aus rücklings auf dem Wasser aus. Ich freue mich immer, wenn du da bist.

Seit ihrer gestrigen Begegnung gehen ihr diese beiden Sätze nicht mehr aus dem Kopf. Deshalb hatte sie nicht einschlafen können, sich von einer Seite auf die andere gewälzt, den Kaffee verschüttet, das abgelaufene Ticket eingesteckt, die Badelatschen vergessen und wäre fast auf den Sprinter an der Ampel gefahren. Ihre Gedanken kreisen unentwegt.

Ist das wahr? Kann es wahr sein? Bin ich das tatsächlich?

Zu lange hatte sie still für sich gearbeitet. Häufig genug steckte sie eine Kritik nach der anderen ein. Selten gerechtfertigt, meistens unsachgemäß. Wenn sie den Kopf rausstreckte, fürchtete sie stets, ihn sofort zu verlieren. Also hielt sie sich bedeckt und lernte, sich eher auf sich selbst, als auf andere zu verlassen. Ihr war durchaus bewusst, was sie konnte und leistete, aber sie verlangte keinen Ehrenpreis dafür. Den strichen diejenigen ein, die am lautesten darum wetteiferten. Zu diesem „Affentanz", wie sie ihn insgeheim bezeichnete, wollte sie sich nicht dazugesellen.

Dieser neue Kollege war anders. Feinsinniger. Ihr gefiel seine ruhige Art, mit der er an den Ausschreibungen arbeitete und sein Team leitete. Sicher war sein Auftreten, selbst wenn es um Millionenprojekte in ihrem IT-Unternehmen ging. Sie musste zugeben, dass sie das eine oder andere Mal durch die milchverglasten Scheiben in den Konferenzraum geblickt hatte, wenn er darin eine Teamsitzung abhielt. Straff strukturiert handelte er die Tagesordnungspunkte ab und vergaß dabei nie den Humor. Auch ihr hatte er bereits hin und wieder ein Lachen mit seinem Charme und Witz entlockt.

Du freust dich, mich zu sehen, denkt sie und stemmt sich aus dem Becken. Ich mich auch.

Ein entspanntes Lächeln zieht über ihr Gesicht. Leichtfüßig geht sie unter die Dusche, schlüpft in ihre Kleidung und schultert ihren Rucksack zum Gehen.

„You bring feelin' to my life", singt sie leise vor sich hin. „You're the inspiration."

Noch auf der Bank im Foyer tippt sie in ihre Handy-App diese beiden Zeilen zur Erkennung des Songs, steckt sich die Airpods in die Ohren, um das Lied von Chicago abzuspielen.

Zum Sound dieses Oldies schweift ihr Blick nach draußen, wo hinter dem Fenster rotglühend die Sonne aufgeht und das Grau in Grau der Tristesse vergangener Tage verdrängt.

6. SPIEL DAS LEBEN

„Das Leben ist kein Spiel“, herrscht eine Mutter ihren kleinen Jungen an, wobei sie ihn unterhalb seines aufblasbaren Schwimmflügels an seinem dünnen Ärmchen hält. „Du darfst da nicht reinspringen. Hast du gehört?“

Der Junge ist voller Energie zum großen 1,90 Meter tiefen Schwimmbecken gespurtet und wollte mit den Füßen voran hineinspringen. Seine Mutter rannte ihm hinterher und bekam ihn kurz vor dem Beckenrand zu fassen. Gerade noch rechtzeitig. Die nackte Angst um ihr Kind spricht aus jeder Faser ihres Körpers.

„Du kannst nicht schwimmen und ertrinkst“, schreit sie ihn sorgenverzerrt an.

„Und die hier?“, weist der Junge auf die neonorangenen Luftkissen um seine Oberärmchen.

„Die können dich zwar über Wasser halten, aber, wenn du nicht schwimmen kannst, ist das zu wenig. Geh bitte in das flache Becken. Da kann dir nichts passieren. Schau mal, die spielen dort Ball. Vielleicht lassen sie dich mitspielen. Ist eh lustiger, als hier bei den langweiligen Erwachsenen", mischt sich mit ruhiger Stimme und bairischem Akzent der Bademeister ein.

Skeptisch sieht der Junge erst in das ängstliche Gesicht seiner Mutter, dann in die hellblauklaren Augen des Bademeisters und letztlich zu den im Wasser spielenden Kindern.

„Na gut", lenkt er widerwillig ein und wieselt auf seinen Beinchen zum Nichtschwimmerbecken davon.

„Danke", atmet die Mutter erleichtert auf.

„Gern geschehen", antwortet ihr der sie um mindestens zwei Köpfe überragende Mann. „Das wollen sie alle. Tauchen. Am besten noch, bevor sie schwimmen können. War bei mir nicht anders."

„Ehrlich?", fragt sie. „Ich bekomme schon Panik, wenn ich mit dem Mund unter Wasser bin. Sonst ist sein Vater mit dabei. Der ist 'ne richtige Wasserratte. Aber ich? Ich nicht. Und Sie sind das auch? Müssen Sie wahrscheinlich auch sein, oder?"

„Müssen gar nicht“, antwortet er in beruhigendem Tonfall. „Ich bin gelernter Taucher. Das hat mich begeistert. Zu wissen, wie es unten ausschaut. Unter die Oberfläche gehen, die Luft anhalten, umgeben sein vom Wasser.“

„Und nun sind sie hier. Das Becken ist wahrscheinlich noch nicht einmal so tief, wie sie groß sind“, blickt sie zu ihm auf.

Mit einem Blinken in den Augen lacht er herzhaft auf:

„Nein. Hier lohnt sich das Tauchen nicht. In der Halle gibt es das Sprungbecken. Da trainiert jetzt einer, vor dem ich allerhöchste Achtung habe. Ein junger Mann ohne Arme und Beine.“

„Wie bitte?“, ist sie erstaunt.

„Ja, tatsächlich. Gerade ist er von den Philippinen zurück, wo er durch die Riffe getaucht ist. Ich hab mich gefragt, wie er sich ohne Handzeichen mit seinen Kompagnons verständigen konnte. Er tut’s mit Augenzwinkern. Ist schon ein Wahnsinn, was alles möglich ist, wenn man es will.“

„Ohne Arme und Beine ...“, überlegt sie. „Schrecklich.“

„Für ihn angeblich nicht. Er ist so auf die Welt gekommen. Ich glaube, es ist eher schwieriger, mit so einer Situation umzugehen, wenn man durch einen Unfall oder eine Erkrankung eine oder mehrere Fähigkeiten mitten im Leben verloren hat, als wenn man von Anfang an damit zurechtkommen musste. Was mich an ihm fasziniert, ist seine Neugier und diese Energie. Die hatte ich auch immer“, strahlt er sie an und lässt dabei fast unmerklich seinen Blick über das gesamte Freibad schweifen.

Während er sich mit der jungen Mutter unterhält, sind alle seine Sinne vollkommen wach und geschärft. Würde ihrem Jungen etwas geschehen, wäre er der Erste, der sofort zu ihm eilte. Auch entgeht seiner Aufmerksamkeit kein noch so kleiner Fehler oder Schaden auf dem Gelände. Sobald er die Struktur eines Komplexes für sich erkannt hat, kann er sich spielend in ihr bewegen und mit ihr umgehen. Das umfasst sowohl die bauliche Konstruktion, als auch das soziale Konstrukt. Nicht nur deshalb ist er ein gern gesehener Mitarbeiter, egal ob beim Bundesgrenzschutz, als Personenschützer für Regierungsbeamte oder nun als Bademeister in diesem Freibad. Hat er als studierter Architekt zwar kein Haus konzipiert, baut er jedoch tagtäglich an einem stabilen unsichtbaren Grundgerüst, das sich dadurch bemerkbar macht, dass das gesamte Klima im Bad ein ruhigeres, achtsameres und harmonischeres zu sein scheint, wenn er seinen Dienst ausführt. Diese Grundstimmung überträgt sich nun auch auf die ängstliche Mutter, die das Gespräch und die aufmerksame Gelassenheit dieses Mannes allmählich genießt.

„Haben Sie Kinder?"

„Ja, einen Sohn. Ist das Ihr einziges Kind?", fragt er zurück.

„Noch ja. Wir wollen mehr Kinder haben. Aber ich fühle mich oft schon mit ihm überfordert. Er ist so hyperaktiv. Ich will mit ihm aber nicht zum Psychologen. Das kann doch nicht alles ADHS sein. Letztens hat er mitten im Unterricht gefragt, ob in dem Schrank hinten die Spielsachen wären, anstatt auf die Frage der Lehrerin zu antworten."

„Erste Klasse?"

„Ja. Seine Lehrerin meint, wenn er nicht besser mitmacht und sich konzentriert, dann sollten wir das abklären lassen. Aber ich will das nicht. Verstehen Sie?“

„Meiner war auch oft nicht zu bändigen. Ist auch nicht leicht. Die ganze Zeit stillzusitzen und zuzuhören, wenn man sich bewegen möchte. Ich hab mir für ihn ein Spiel ausgedacht. So hat er Latein gelernt. Eben spielend“, grinst er breit. „Das funktioniert am besten. Zwang ist nie gut. Wer kann schon unter Druck lernen?“

„Da sagen sie was“, bestätigt sie. „Er kann stundenlang in seinem Zimmer allein spielen. Mit Lego. Ganze Städte baut er damit. Und draußen beschäftigt er sich mit allem, was er findet. Steine, Holz, Federn ... egal, einfach mit allem.“

„Er ist kreativ. Wahrscheinlich langweilt er sich in der Schule. Außerhalb findet er genügend Anregung. Bewahren Sie das Spielerische und die Neugier in ihm. Dann wird er seinen Weg schon finden.“

„Wenn Sie das so sagen, kann ich das annehmen“, stellt sie beeindruckt fest. „Sie sprechen über meinen Sohn, als würden sie ihn in- und auswendig kennen."

„Vielleicht ist er mir ein wenig ähnlich. Und ich bin schließlich meinen Weg gegangen. Die Schule war ein Teil davon. Aber ich wollte die Welt entdecken. Das habe ich getan. Und das wird er auch tun", schenkt er ihr Vertrauen.

„Mama, Mama", kommt der Junge angerannt. „Das hab ich gefunden."

Er drückt der Mutter einen Schlüssel von den Umkleidekabinen in die Hand.

„Wo?"

„Auf dem Grund. Ich bin getaucht", sagt er und Stolz schwingt in seiner Stimme.

„Toll!", lobt sie ihn und reicht den Schlüssel an dem nassen Textilband an den Bademeister weiter.

Dieser nimmt ihn ihr mit einem vielsagenden Blick und einem wissenden Lächeln ab und geht damit zu seinem Kollegen, der heute den Dienst an der Kasse übernommen hat.

7. EINMAL NOCH

Seine Schultern sind gekrümmt, als er aus dem Auto steigt und fast in Zeitlupe die Tür verschließt. Die drei Schritte bis zum Heck fallen ihm schwer, da sein Rücken heute mehr schmerzt im Vergleich zum gestrigen Morgen. Beim Öffnen der Klappe richtet er sich vollständig auf und wächst für diesen Moment wieder zu seiner vollen Größe. Doch schon beim Griff nach seiner Tasche mit den Badesachen und dem Beutel mit dem Kaffee und den Keksen fällt er wie ein Klappmesser zusammen. Mit schlurfendem Gang, in der einen Hand die Tasche, in der anderen den Beutel, bewegt er sich auf den Eingang der Schwimmhalle zu.

„Guten Morgen, Wolfgang!", begrüßt ihn synchron in verschiedenen Tonlagen das Grüppchen älterer Damen.

„Guten Morgen!", strahlt er sie an und weiß, dass er hier angekommen ist.

„Hast du wieder Kaffee dabei?", fragt eine von ihnen.

„Aber selbstverständlich“, antwortet er und streckt seinen Leinenbeutel vor. „Sogar Kekse.“

„Oh, schön! Elke hat Eierlikör und ich noch einen kleinen Kuchen.“

Jeden Morgen treffen sie sich auf der Bank in einer Ecke des Foyers, wenn sie ein paar Runden geschwommen sind. Manch eine von ihnen rafft sich einzig zu diesem Treffen auf, obwohl es sie viel Kraft und Anstrengung kostet. Aber eine heiße Dusche und danach Wolfgangs heißer Kaffee und ein paar zwanglos gewechselte Worte sind es ihnen allen Wert, diese Strapazen auf sich zu nehmen.

„Wie war's mit deinem Enkel?“, fragt eine der Damen, während Wolfgang ihr Kaffee in einen Becher einschenkt und sie ihm zum Tausch die Box mit den Kuchenstücken hinhält.

„Sehr schön!“, entgegnet er und langt nach dem Kuchen. „Er hatte Zeit dieses Mal. Seine Freundin hat ihn verlassen. Nach drei Jahren. Wir haben einen Wein geköpft und bis in die Nacht geredet.“

„Sie hat ihn verlassen?“, hakt eine andere der Frauen nach.

„Ja, wohl, weil sie nach dem Studium eine Stelle im Ausland annimmt und keine Fernbeziehung möchte. Na, ist ja auch nicht schön. Ich bin bis heute von Gudrun nicht einen Tag getrennt gewesen. Unvorstellbar!“, sagt er und beißt in das mit Zuckerguss glasierte Zitronenkuchenstück.

Seine Augen heften sich dabei an einen jungen Mann hinter der Glasscheibe, der zur Schnellschwimmerbahn läuft und in seiner athletischen Statur Anton gleicht.

Noch nie hatte er seinen Enkel so geknickt erlebt, wie gestern. Wortkarg saß er auf dem Sofa und starrte Löcher in die Luft. Dieser sonst agile junge Kerl glich einem nassgeregneten Streuner, der zwar Unterschlupf suchte, das Fressen jedoch verschmähte, und stattdessen eine Pfote über seine Augen legte und vor sich hinjaulte. Wobei das Jaulen lautlos geschah.

Nachdem Wolfgang Gudrun ins Bett gebracht hatte, entkorkte er eine Flasche trockenen Rotwein und gesellte sich damit zu Anton auf die Couch.

„Hier“, reichte er seinem Enkel das Glas. „Trink! Auf unser Wohl!“

Beim Anstoßen blickte er ihm in die verweinten Augen und Wolfgang begriff, dass etwas Endgültiges im Raum stand.

„Toni, ich weiß nicht, was ich sagen soll“, suchte er vorsichtig einen Anfang. „Ich habe so ein Ende nie erlebt.“

„Nie?“, erwachte Anton aus seiner Trauerlethargie. „Du wurdest nie verlassen?“

„Nein“, gestand Wolfgang. „Ich habe Omi schon in der Schule gekannt. Es gab nur sie. Seit 67 Jahren gibt es uns.“

„Good old school“, bewunderte Anton ihn und trank einen Schluck Wein. „Davon träum ich nicht mal.“

„Haben wir auch nicht. Es hat sich so ergeben. Mir ist nie eingefallen, sie zu verlassen, und sie muss es scheinbar mit mir ausgehalten haben. Na, und jetzt kann sie nicht mehr weglaufen“, schmunzelte er bitter, „und muss mich ertragen, wie ich bin. So ist das Leben.“

„Wie machst du das?“, interessierte sich Anton.

„Ich wache neben ihr auf und freu mich, dass sie mich jeden Morgen anblinzelt. Auch, wenn es ihr schwerfällt, einen Satz zu sprechen, verstehe ich, was sie meint. Ich werde bei ihr bleiben bis zum letzten Atemzug ... und darüber hinaus.“

„Wolltet ihr nicht weg? Ich mein, vor dem Schlaganfall? Wohin?“

„Irland. Deine Oma wollte sie sehen. Die grünen Hügel, die steilabfallenden Küsten und den wildwachsenden Thymian. Dazu kam es nicht mehr. Mit einem Schlag waren sie vorbei unsere Träume. Tja, ist wohl auch eine Art von Verlust, nicht wahr?“

Schweigend nickte Anton und stierte in den blutroten Wein.

„Weißt du, mein Junge, eigentlich bist du zu beneiden“, polterte Wolfgang in seine trüben Gedanken.

Als hätte sein Großvater den Verstand verloren, sah Anton ihn aus weit aufgerissenen Augen an.

„Du bist mir einen Schritt voraus“, fuhr Wolfgang fort.

„Aber …“, schnappte Anton nach Luft.

„Du machst was durch, das mir noch bevorsteht. Auf meine alten Tage lerne ich von dir.“

„Was denn?“, fragte Anton heiser.

„Es wird der Tag kommen, an dem ich aufwache und sie mich nicht mehr anblinzelt. Vor diesem Tag fürchte ich mich, wie der Teufel vor dem Weihwasser. Vielleicht darf ich dann auf deiner Couch sitzen und werde mich genau an diesen Abend erinnern.“

„An mich bedrippelten Hund. Na, prost!“, kippte Anton den Rest des Weins herunter.

„An genau den“, legte Wolfgang einen Arm um Antons Schultern. „An den, der zu mir trottete und meine Nähe und meinen Trost suchte. Ich kann dir Selma nicht zurückholen. Das könnt einzig ihr beide miteinander klären. Ich kann dir auch keinen guten Tipp geben. Aber was ich kann, ist dir zuhören. Wenn du willst, die ganze Nacht. Auch, wenn du immer wieder von vorn anfängst und mein Weinlager leertrinkst. Ich bin einfach nur da für dich.“

„Danke, Opa!“, versuchte Anton ein Lächeln und lehnte sich an Wolfgangs Seite, an der er wie in früheren Zeiten zu später Stunde einschlummerte.

Unter der Decke, die er über ihm ausgebreitet hatte, schlief Anton tief und fest, und Wolfgang flüsterte der Pflegeschwester im Flur leise zu:

„Mein Enkel ist da. Ich geh jetzt schwimmen. Danach mach ich ihm das Frühstück. Sie brauchen sich nicht um ihn zu kümmern.“

„Das ist ja schön, dass er da ist“, freute sie sich.

„Das ist es“, bestätigte Wolfgang stolz und verließ die Wohnung.

Der Schwimmer ist inzwischen abgetaucht und eine der Damen bietet Wolfgang bereits zum dritten Mal an:

„Eierlikör?“

„Nein, danke!“, lehnt Wolfgang höflich ab. „Ich werde jetzt nachhause fahren und einen frischen Kaffee kochen. Darf ich ein Stück Kuchen mitnehmen?“

„Hier sind noch zwei Stückchen drin. Nimm die Box mit und gib sie mir morgen wieder. Bestell Gudrun und Anton einen Gruß von mir!“

Mit einem sanften Lächeln auf seinem Gesicht steckt er die Box in seinen Leinenbeutel zu der geleerten Thermoskanne.

„Bis morgen!“, verabschiedet er sich und schreitet fast aufrecht zum Ausgang in den dämmernden Morgen dieses neuen Tages.

8. AUS DEM DRECK

Warum können die nie ihren Dreck selbst entsorgen? Diese Frage begleitet sie beim Absammeln eines schmutzig-grauen Taschentuchs und einer halbgeleerten Kapsel Make-up vom Metallboard in der Umkleidekabine.

In ihrem blauen Müllsack häufen sich jegliche Überbleibsel, die die Badegäste in und um das Schwimmbad herum liegengelassen haben, an. Stoisch vollzieht sie jede Nacht die gleichen Handgriffe, um jede Nacht den gleichen Abfall in den Sack zu werfen. Seit acht Jahren macht sie diesen Job neben weiteren Stellen, die sie als private Putzkraft annehmen musste. Und doch reicht das Geld kaum für das Notwendige.

Auf den Malediven wär ich jetzt auch gern, träumt sie, während sie einen Prospekt, in dem mit einem Foto einer grünen Insel inmitten des türkisfarbenen Ozeans für eine Reise geworben wird, im Müll verschwinden lässt. Aber der Preis ist das Doppelte meines Monatsgehalts. Julia brauchte schon wieder Geld. Wofür? Warum so dringend?

Sie taucht den Lappen in das lauwarme Wasser und wischt damit das Board ab.

Was hatte sie gesagt? Sie hätte mit Freunden ein Auto gemietet und sie hätte es gezahlt. Warum haben die ein Auto gemietet? Wieso gibt sie dafür ihr Passwort zu ihrem Zahlungsaccount raus? Und seitdem geht immer wieder Geld von ihrem Konto ab und die Forderungen stapeln sich. Was war das für eine Geschichte, die sie dem Polizisten aufgetischt hatte? Das stinkt doch, wirft sie den Lappen in den Wischeimer.

„Willst du einen Kaffee?“, bietet ihr Steffi an. „Mach kurz Pause.“

„Gut“, stimmt Ariane ihr erschöpft zu und folgt Steffi in den Aufenthaltsraum.

Ungemütlich wirkt der schlicht mit einem großen Tisch, um den herum einige abgenutzte Polsterstühle herumstehen, eingerichtete Raum im Licht der Neonröhren an der niedrigen Decke. Hinter den Fenstern knapp unter der Decke ist es nachtschwarz.

„Du hast wieder deinen Börek mit Schafskäse und Giersch gemacht“, greift Ariane hungrig nach dem Gebäck in der Mitte des Tisches. „Dazu komm ich nicht. Zum Backen. Und gleich gar nicht zum Giersch pflücken."

„Der wächst in Massen in meinem Gärtchen", lacht Steffi. „Ich könnte daraus gläserweise Pesto, schalenweise Salat und stapelweise Börek machen. Also, lass es dir einfach schmecken!"

Aus jeder Pore von Steffis korpulenter Erscheinung strahlt Zufriedenheit. Sie liebt diese Arbeit. Sie liebt ihr Leben. Und sie liebt diese Welt. In Steffis Gesellschaft fühlt sich Ariane aufgehoben, wie am Küchentisch ihrer Mutter, bevor sie ihr Dorf verließ, um in der Stadt ihr Glück zu finden, um dann hammerhart auf dem Boden der Realität aufzuschlagen.

„Wie ist es bei der Polizei gelaufen?", fragt Steffi.

„Sie haben die Anzeige aufgenommen. Angeblich ist das eine Gang, die sie schon seit einer Weile im Visier haben. Julia soll sich von ihren Freunden fernhalten. Aber wie soll sie das machen? Sie sehen sich doch täglich in der Schule."

„Sind es Dealer?“

„Meine Tochter?“, ist Ariane entsetzt über diese Mutmaßung.

„Sie kann in eine dumme Geschichte geraten sein. Weißt du es?“

„Aber ...“, stammelt Ariane aufgebracht. „Julia würde doch nie ...“

„Kennst du ihren Freund?“

„Er hat ein paar Mal bei uns übernachtet. Wenn ich nachhause komme, sind sie meist schon weg. Ich hatte nicht den Eindruck, dass ...“, hält sie plötzlich inne.

„Was ist?“

„Seitdem sie zusammen sind, braucht sie permanent Geld“, dämmert es Ariane und ihr wird übel. „Ich hatte gedacht, na ja, sie wollten eben mal weggehen. Sie sollte sich schöne Klamotten kaufen können. Was Mädchen eben gern in ihrem Alter tun.“

„Ich glaube, sie steckt mächtig in der Klemme“, stellt Steffi fest.

„Mein kleines Mädchen“, schießen Ariane die Tränen in die Augen.

„Ist 17“, hakt Steffi ein. „Und offenbar ganz schön gerissen.“

„Julia?“, überschlägt sich fast Arianes Stimme. „Wie kannst du nur?“

„Sie lügt. Aus welchen Motiven auch immer. Aber sie lügt dich an.“

Eisiges Schweigen füllt den kargen Raum, in dem die Luft stickig steht.

„Bin ich schuld?“, durchbricht Ariane kleinlaut die Stille.

„Du hast getan, was du tun konntest. Sie ist in miese Gesellschaft geraten. Das ist alles“, antwortet ihr Steffi nüchtern.

„Vielleicht war es nicht gut, sie allein großzuziehen. Ich hätte ...“

„... in der verkorksten Ehe bleiben sollen“, vollendet Steffi mit einem heftigen Kopfschütteln Arianes Gedanken. „Das ist doch idiotisch. Und außerdem hilft es dir jetzt auch nicht weiter. Die Polizei hat recht. Julia muss aus dieser Clique raus, sonst reißen die dir noch das letzte Hemd vom Leib. Eine schöne Scheiße ist das.“

„Sie träumte davon, in die USA zu gehen. Ein Auslandsjahr. Ich hatte es ihr ausgeredet.“

„Warum?“

„Ich wollte nicht allein sein“, gibt Ariane unumwunden zu und senkt den Blick beschämt in das Schwarz ihres Kaffees in der Tasse.

„Wenigstens ehrlich von dir.“

„Die Unterlagen habe ich noch. Ich werde gleich heute Nachmittag mit ihr darüber sprechen.“

„Das kann natürlich sein, dass sie sie nicht ausreisen lassen, wenn sie Dreck am Stecken hat. Die können da richtig pinneschitrig sein“, überlegt Steffi. „Aber probieren solltet ihr es.“

„Schöne Scheiße“, gesteht sich Ariane nun ebenfalls ein.

„Das ist es. Aber nichts, was sich nicht beseitigen lässt“, erhebt sich Steffi von ihrem Stuhl. „Wir kriegen das hin. Und am Wochenende kommst du raus zu mir in den Garten. Es soll warm werden. Bring Julia mit. Lock sie mit Paulchen. Die beiden haben sich geliebt. Weißt du noch?“

„Sie war ganz vernarrt in ihn, als er Welpe war“, lächelt Ariane. „Nur denke ich nicht ...“

„Nicht denken. Frag sie und bring sie mit. OK?", bestimmt Steffi. „Und ich geh die Klos putzen. Mein Traumjob."

Steffi klopft noch einmal zur Bekräftigung auf Arianes Schulter und verschwindet im Toilettenraum, aus dem kurz danach die Spülung rauscht, was bedeutet, dass Steffi bereits das erste Pissoir gereinigt hat.

Seit acht Jahren kennen sie sich und seit acht Jahren bewundert Ariane Steffi für ihre Schnelligkeit und Agilität, wohingegen ihr selbst oft die Energie fehlt. Wie ausgelaugt schleicht Ariane zum Dienst und hin und wieder baut sie eine Tasse Kaffee für einen Moment auf. Das Rauchen hatte sie sich schnell abgewöhnt. Gleich nach ihrer Scheidung vor sieben Jahren.

Was habe ich eigentlich vom Leben? Bei dieser Frage klickt sie mit dem Fuß den Wischer in das nasse Bodentuch.

Dabei fällt ihr Blick auf das hellblau schimmernde Wasser im Schwimmbecken und ihre Gedanken schweifen ab zu den vielen ungenutzten Möglichkeiten.

Was wollte ich alles mit dir tun, sinniert sie. Reisen, die Welt entdecken ... die Zeit ist vorbei. Zerronnen zwischen meinen Fingern, die gearbeitet und gearbeitet haben. Damit du es mal besser hast. Besser als ich. Und nun? ... Zieh ich dich aus dem Dreck. Ich bin schließlich deine Mutter. Ich lass dich nicht im Stich. Niemals.

Sie drückt den Wischer im Sieb über dem Eimer aus. Schmutziges Wasser sickert heraus. Doch sie steht auf blitzblanken Fliesen und zum ersten Mal spürt sie, dass sie Genugtuung dabei empfindet.

Ich kann etwas tun, sagt sie sich und wischt mit Eifer und einem Anflug von Freude den Boden unter ihren Füßen.

9. GEFUNDEN UND ENTDECKT

Tief bin ich getaucht. Tiefer und tiefer hinein. Hinein in meinen Ozean, der wild schäumend sich vor mir aufbäumte. Wellen brachen sich an zerklüfteten Felsen, fraßen das Ufer, sogen gierig mich ein. Trieben mich hinaus in die Weiten, in denen der Horizont kaum mehr das Wasser vom Himmel teilte. Zertrümmert lag am Strand, was festgefügt ich wähnte. Kein Boot trieb dahin. Kein Anker hielt mich fest. Aufgewühlt hattest du mich. Rausgespült aus meinem Bunker.

Haltlos. Bodenlos. Schwerelos.

Hin- und hergeworfen von den Wogen ergab ich mich der Strömung. Ließ ihn fahren meinen Widerstand, der mich trennte von dir.

Ich sank. Ich sank vom Licht ins Dunkel meiner Sinne. Um mich die See, die strudelnd sich über mir schloss, verschwand ich in ihrem Schlund.

Tosendes Brausen verstummte allmählich zu pochendem Glucksen im Rhythmus meines Herzens, das suchte nach deinem. Im mich umgebenden Schwarz stolperte sein Schlag, stockte mein Atem, fand ich keinen Schlaf.

Ich suchte dich. Unermüdlich durchdrang ich die Finsternis nach einem Schemen von dir. Lauschte in die Stille nach einem Laut von dir. Tastete mich schwimmend vorwärts nach einem Strom von dir.

Ich fand mich. In meiner Bewegung. In meiner Stimme. In meinem Fluss.

Stärker wurde mein Zug. Kräftiger mein Ton. Vertrauter meine Emotion.

Da fand ich dich. Aus der Tiefe der Nacht blicktest du mich an. Wandeltest Dunkel in Licht, Kälte in Wärme, Angst in Liebe.

Auf dem Grund meines Ozeans, auf der Grenze unserer Meere, die sanft ineinanderwirbelten, fanden wir uns. Nahmen uns an die Hand, um gemeinsam aufzutauchen. Aufzusteigen an eine Oberfläche, die sich in seichter Brise kräuselte.

Im Licht der aufgehenden Sonne zu betrachten, wer wir sind, wenn Neuland wir betreten.

Ein Land, das urwüchsig sich vor uns ausbreitete. Erstmalig von uns betreten. Für das wir eine Karte erst entwerfen.

Wir haben uns gefunden in den Stürmen unserer Welten, um bei uns anzulanden und zu stranden.

Entdecken will ich dich durch den Glanz in meinen Augen, die widerspiegeln dich in mir.

Erfahren will ich mich durch die Berührung deiner Hände, die ruhen lassen mich in dir.

Für alle Zeiten in endlosem Raum hältst du mich geborgen in dir, findest du zu mir in Resonanz meines Herzens.

10. GOLDENE SCHMETTERLINGE

Hinter den windschiefen Wipfeln der Kiefern rollte das Meer an den sonnenheißen Strand. Während der langen Autofahrt dachte ich nur eins:

Wann sind wir endlich da?

Ich hätte die Frage noch nicht in dieser Art stellen können. Denn dazu fehlten mir die Worte. Mit dem dunkelbraun befellten Äffchen in meinen Kinderhänden blickte ich auf die Hinterköpfe meiner Eltern, die etwas taten, was ich nicht verstand. Ihre Münder bewegten sich und es kamen wechselseitig Laute aus ihnen. Damit waren sie so beschäftigt, dass sie nichts um sich herum wahrnahmen.

Endlich parkte mein Vater den Wagen auf dem Grünsteifen am Rand der Küstenstraße, schulterte den Windschutz, griff die Kühltasche, reichte meiner Mutter die geflochtene Umhängetasche mit den Handtüchern zu und verschloss die Heckklappe.

Mir dauerte das alles viel zu lange. Wozu das alles? Ich setzte das Äffchen in die linke

Ecke der Rückbank, sprang aus dem Auto und rannte barfuß über den mit Kienäpfeln und Nadeln übersäten Sandstreifen, der durch das Wäldchen über die Dünen zum Meer führte, und patschte bereits mit meinen Füßen in den kühlen Wellen. Den Rest des Sommertages war ich nicht mehr aus dem Wasser zu bekommen. Ich verspürte keine Kälte, keinen Hunger, keine Erschöpfung. Aufgehoben fühlte ich mich. Eins mit den Elementen Feuer, Wasser, Luft und Erde. Vollkommen eingebettet in das pure Sein.

Der Morgen ist neblig grau. Hier und da erwacht ein Vogel zum Gesang. Nieselregen fällt herab. Der Frühling zum Greifen nah, doch der Winter will ihm nicht weichen. Mit letzter Kraft hält er fest und legt sich schwermütig auf ihr Gesicht. Trübe Gedanken schwärzen das Licht ihres Tages. Blind wühlt sie sich durch den Schlamm von Vergangenem, das sie ändern möchte, jedoch nicht ändern kann, von Gegenwärtigem, von dem sie sich befreien möchte, jedoch von dem sie sich nicht befreien kann, und von Zukünftigem, das neblig vor ihr liegt, wie dieser Morgen.

Sie hat die Orientierung verloren in all dem Graben, Kriechen und Suchen. Beengend wird die Haut, in die sie gezwängt ist. Zu schmal der Tunnel, in dem sie sich bewegt. Zu dunkel die Perspektive, in der sie nichts mehr sieht.

Raus. Sie muss raus. Nur wie? Wie ausbrechen aus dieser finsteren Enge?

Das gechlorte Blau in einem Stahlbecken unter einer Kuppel liegt vor ihr. Ein künstlicher Ozean ohne Wellen und ohne Strand. Künstliche Sonnen spiegeln sich am Grund. Künstliche Welt für künstliches Leben.

Sie hatte sich gut angepasst. Ihre Bewegung, ihren Blick, ihr Bestreben. Schwamm ihre Bahnen, die schwarz vorgezeichnet und rot-weiß geleint waren. Brach nie aus.

Bis ich sie gestern fragte:

Warum tust du es nicht?

Das hatte sie aus der Bahn geworfen. Blitzartig eruptiv.

Heute steht sie am Beckenrand und kann nicht länger das Gleiche tun. Sie will sie ändern. Die Bewegung. Neues wagen.

Beide Beine geschlossen, die Arme nach vorn gestreckt, schwingt ihr Körper gleich einer Welle durch das Wasser. Eine Welle, die sie verursacht. Aus sich heraus. Ein lautloser Flügelschlag unter der Oberfläche. Zaghaft zunächst, an Energie zunehmend. Bis sie schließlich die Ketten sprengt, die Gitterstäbe durchbricht und kraftvoll nach Luft schnappt, um mit dem nächsten Flügelschlag weiterzufliegen. Zu fliegen wie ein Schmetterling, der seinen Kokon verlassen hat. Befreit aus seinem Käfig, sich erhebend in die Lüfte.

Ein letztes Mal steigt sie aus dem Becken. Betrachtet die leere Hülle, die sie zurücklässt. Wendet ihm den Rücken zu, dem künstlichen Gefängnis, dem sie entkam. Lächelt mich an und fasst meine Hand, um mit ausgebreiteten, goldenen Schwingen loszufliegen.

In der Ferne zuhause angekommen, spielen wir. Spielen im Wasser. Alle Anstrengung ist von uns gewichen. Eins mit unseren Körpern und verbunden mit dem Element gleiten wir schwerelos nebeneinander. Wie zwei junge Delphine, die sich an den offenen Ozean schmiegen und in diesem einen Moment existieren, feiern wir das pure Sein.

11. DIESER EINE MOMENT

Es war dieser Moment. Dieser Moment, in dem ich im Auto saß, um zu einer Probe zu fahren. Mitten im August. Die Sonne schien spätsommerlich heiß durch das geöffnete Fenster und ich konnte keinen klaren Gedanken fassen. In zehn Kilometern musste ich das jedoch können. Denn dort warteten sie auf meine Ideen, um sie zu spielen. Dabei war ich so leer, wie der Tank meines Wagens, mit dem ich es gerade noch bis zur nächsten Zapfsäule schaffte.

Ich hatte alles auf eine Karte gesetzt und in diesem Sommer alles verloren. Vor zwanzig Kilometern wurde ich verlassen und hatte den Schlüssel zur Tür und zum Herzen abgegeben. Aus war es. Ausgeträumt das, was hätte sein können. Vorbei ein Uns, das es zwar gab, aber in dem die Angst die Liebe erstickte.

„Ich bin es nicht wert", verurteilte ich mich und wünschte mir Regen, statt Sonne, und Zeit, um in meinem Selbstmitleid zu versinken.

Doch nichts davon. Schweiß rann, anstelle von Tränen. Letztere musste ich wegdrücken, wenn ich mich nicht erklären wollte. Und das wollte ich nicht. Mein Privatleben hatte auf der Bühne nichts zu suchen. Das ging niemanden etwas an. Wir probten ein Weihnachtsstück. DAS Weihnachtsstück von Charles Dickens.

„Das ist Folter", fauchte ich. „Du hast die Geschichte durch mich kennengelernt. Weihnachten ... wir haben es geliebt."

So sehr, dass ich sogar zu einer eigenen Erzählung animiert wurde, die im Dezember als Buch mit Illustrationen erscheinen sollte.

„Wie stehe ich das durch?", fragte ich mich, als ich an der roten Ampel kurz vor dem Ziel hielt. „Kein Weihnachten mehr. Kein Gemeinsam mehr. Kein Garten mehr."

Der Garten. Auch er würde mir fehlen. Die körperliche Arbeit. Das Wirken an einem Kunstwerk, das nie fertig wurde. Er war zwar nicht mein Eigen, aber über die Jahre hatte ich ihn gleichsam adoptiert. Viel Einsatz und Engagement von meiner Seite steckten darin und ich hatte den Eindruck, er dankte es mir.

Jedenfalls genoss ich das Sein in diesem Kleinod von Natur.

„Tja, jetzt nicht mehr. Auch das ist vorbei. Ich sollte wieder schwimmen", dachte ich und sehnte mich nach einem kühlenden Abtauchen im Meer oder zumindest im Freibad um die Ecke, während ich auf den Parkplatz einbog. „Back to the roots."

Wenn mir schon so radikal alles genommen wurde und ich mich fühlte, wie ein Rosenbusch, der vor dem Winter bis auf den Grundstock gekappt worden war, konnte ich gleich ganz zu meinen Wurzeln gehen. Und die bildeten das Schwimmen, das Schreiben, das Theater und die Musik. Frei nach ABBAs Songzeile aus THANK YOU FOR THE MUSIC konnte ich singen bevor ich sprach, schwimmen bevor ich lief und erzählen bevor ich sprach. Natürlich nicht wirklich, aber auf diesen Grundpfeilern fußte mein Leben und aus ihnen sprossen die Triebe, die just gestutzt worden waren. Obgleich die Welt um mich herum einstürzte, auf diese Pfeiler konnte ich mich stützen. Sie waren aus robustem Holz und wurzelten tief in einem festen Boden.

Theater würde ich in wenigen Minuten wieder machen. Musik in wenigen Tagen. Schreiben jeden Morgen. Nur das Schwimmen hatte ich vernachlässigt.

„Das Weihnachtsbuch ist geschrieben, also sondiere ich morgen früh das Freibad“, beschloss ich, als mir die ersten Kinder freudig aufgeregt entgegenliefen, mich umringten und durcheinander schwatzend und auf mich einredend mich in den Probenraum wirbelten.

Sie und das Schauspiel ließen keinen Platz für Grübeleien und Trübsal. Wie ein Tornado fegten sie sie davon.

Wehmut regte sich, als der Herbstwind die Blätter von den Bäumen pflückte und ich zu gern den Schredder angeworfen hätte, um Vertrocknetes und Abgestorbenes kleinzuhäckseln und als Mulch auf den Beeten zu verteilen. Schwermut bog meine Flügel, als mit dem ersten Schnee meine Inszenierung der Dickenschen Weihnachtsgeister über die Bühne wehte. Herzleid lähmte mich, als meine Erzählung vom Licht der Weihnacht zu Glanz erstrahlte. All das, was einst ein süßes Gemeinsam enthielt, war zu einem bitteren Einsam gewandelt.

Doch ich schwamm wieder. Stieg ins Becken und erinnerte mich.

Ich erinnerte mich an die Bewegung. Ich erinnerte mich an meinen Atem. Ich erinnerte mich an die Leichtigkeit des Seins.

Ich schwamm, als der Tod das Oster- und das Weihnachtsfest überschattete. Ich schwamm durch den Wechsel der Jahreszeiten. Und ich schwamm in meine Lebendigkeit.

Schwimmend trauerte, meditierte, sinnierte ich über tausende Meter, trieb mit den Wellen durch den Ozean und strandete an meinen Ufern. Auf- und abwallend wie die Gezeiten.

Bis zu jenem Tag, an dem alles zu einer Einheit zusammenfloss und sich sinnvoll fügte.

Der Tag vor Weihnachten, an dem du am Rand erschienst und ich erkannte, du bist das alles wert gewesen. Jedes Leid, jeder Verlust, jeder Wandel spülten mich zu dir. Ohne zu wissen, wofür ich mich damals Mitten im August entschied, hatte ich mich entschieden.

Für dich. Für ein Ich bei dir. In diesem Moment.

EPILOG

Wer mich früh am Morgen sucht, findet mich im Wasser. Zumeist in der benachbarten Schwimmhalle oder dem Freibad, häufig in der Ostsee auf meiner Lieblingsinsel Rügen.

Mag sein, dass deshalb etliche in dieser Sammlung vorliegende Erzählungen morgens spielen. Ich kann mir jedenfalls nichts Schöneres vorstellen, als den Tag schwimmend zu beginnen.

Zudem treffe ich am Morgen entweder auf einen menschenleeren Strand oder auf genau die Menschen, mit denen ich gern in den Tag starte, und von denen mich jede und jeder auf seine ganz eigene Art und Weise zu diesen Geschichten inspirierte.

Ohne, dass wir uns bewusst dazu verabredet haben, verbringen wir zum Teil seit Jahren die morgendlichen Stunden miteinander. Besondere Hochachtung erfüllt mich dabei vor den älteren Schwimmerinnen und Schwimmern, die sich bei Wind und Wetter täglich auf den Weg machen, um sich - egal wie - im

Wasser zu bewegen. Der derzeit Älteste unter ihnen zählt 93 Jahre.

Ich bin ein Kind des Wassers. Schon früh im Schwimmtraining habe ich entdeckt, dass ich eher eine Langstreckenschwimmerin, statt Sprinterin bin. Ich liebe es, in den Flow zu kommen und in gemäßigtem Tempo meine Bahnen zu ziehen oder von Boje zu Boje zu gleiten. Ausdauer und ein langer Atem sind meine Spezialität. Wie auch im übrigen Leben.

So ist das Schwimmen ein wesentlicher Ausdruck meines Selbst und das Wasser mein Element.

Und ich bin sehr dankbar für die vielen interessanten Begegnungen und einzelnen lebenslangen Freundschaften, die sich durch die gemeinsame Leidenschaft an der Bewegung im Wasser ergeben haben.

MUSIK

Die Musik spielt in meinem Leben eine tragende Rolle. Vor einiger Zeit wurde ich dazu inspiriert, auf meinen längeren Schwimmstrecken Musik zu hören. Am Anfang war das gewöhnungsbedürftig, denn es bedurfte der Koordination der verschiedenen Rhythmen von Bewegung, Atmung und Musik. Inzwischen liebe ich es, zur Musik zu schwimmen.

Ebenso entstand auch dieses Buch. In manche Texte ist die Musik direkt eingeflossen, in manche indirekt, da ich sie beim Schreiben gehört habe.

Wer die Titel gern nachhören möchte, für den ist diese Playlist bestimmt:

Buch KAFFEE AM BECKENRAND –
Songs aus der Kurzgeschichtensammlung

https://open.spotify.com/playlist/1JDYHheNjBsTaWlO9iNIjh?si=58e3661fa2da4a1b

Und hier folgt das **Musikverzeichnis** zu den einzelnen Erzählungen:

1. Fehler im System

EGOIST - JEREMIAS
DA FÜR DICH - JEREMIAS
UNIQUE - JEREMIAS
ICH LIEBE ... (feat. MAJAN) - badchieff, Edo Saiya, CRO, MAJAN
VERRÜCKT - JEREMIAS

2. Frühling im Advent

DAS ALLERBESTE - Tom Gaebel
PRESSURE - blackwave, IYAMAH

3. Feuer und Wasser

GIRL ON FIRE - Alicia Keys

4. Durch die Wand

THROUGH THE BARRICADES - Spandau Ballet

5. Spätes Licht

YOU'RE THE INSPIRATION - Chicago

6. Spiel das Leben

AULD LANG SYNE - Traditional, The Royal Scots Dragoon Guards, Cliff Masterson

7. Einmal noch

TOURETTES - Berq
VORBYE - Mink Malou
SÍ BHEAG, SÍ MHÓR/ WILD MOUNTAIN THYME - Loreena McKennitt

8. Aus dem Dreck

SLIPPING THROUGH MY FINGERS - Meryl Streep, Amanda Seyfried

9. Gefunden und entdeckt

TIDES - Sting

10. Goldene Schmetterlinge

SEVEN DAYS WALKING/ DAY 5: GOLDEN BUTTERFLIES - Ludovico Einaudi, Federico Mecozzi, Redi Hasa
OCEAN WALTZ - Sting

11. Dieser eine Moment

THANK YOU FOR THE MUSIC - ABBA
WORTH IT. - RAYE

DIE AUTORIN

Bild: Anke Wehner

Peggy Langhans

geboren in Greifswald, studierte Sozial- und Theaterwissenschaften an der Humboldt-Universität Berlin. Sie ist Regisseurin und Theaterautorin.

Nach der Veröffentlichung von Kurzprosabänden erscheint die Trilogie „Die Seele der Steine“ (2014 / 3. Auflage 2022), „Der Geist der Steine“ (2015) und „Das Wesen der Steine“ (2017) im Schardt Verlag.
Ihre Novelle „Der gefundene Garten“ wurde im Juneberry Verlag (2017) veröffentlicht. Die zweite, überarbeitete Auflage erschien im Verlag Andrea Schröder (2020).
Mit den Bänden „Das Fließen der Steine“ (2021, Hörbuch 2023) und „Das Hohelied der Steine“

(2022) wird die STEINE-Reihe im Verlag Andrea Schröder komplettiert. Eine limitierte Gesamtausgabe bildet die Jubiläumsfassung der Romanreihe (2024), deren erster Band „Die Seele der Steine“ 2014 erschien und nunmehr fünf Bände umfasst.
Im gleichen Jahr erscheint dieses Buch „Kaffee am Beckenrand“ als Print- und Hörbuchausgabe.
Der Verlag Andrea Schröder brachte bereits die Weihnachtserzählung „Die Suche nach dem goldenen Licht“ (2018) sowie einige ihrer lyrischen Texte in der Anthologie „Wortgeschenke“ (2018) und in den Broschüren „Zwischen Sommer und Winter“, „Grenzenlos frei“ (beide 2020) sowie „Geborgenheit“ und „Wandlungen“ (2021) heraus.
Weiterhin liegen mehr als 100 Kurztexte vor, von denen eine kleine Auswahl in zwei Kurzprosabänden zusammengefasst ist.
Seit 2011 hält die Autorin erfolgreich Lesungen an verschiedenen Orten.

Informationen: www.peggy-langhans.de

DER VERLAG

Unsere Bücher, Projekte und Veranstaltungen geben wir in die Welt, um Mut zu machen, Hoffnung zu spenden, Ihnen ein Lächeln ins Gesicht zu zaubern, Kinder zu fördern und die Welt ein klein bisschen schöner zu machen.

Weitere Informationen finden Sie unter:
https://www.verlag-andreaschroeder.com/

Verlag Andrea Schröder,
Inhaber Jens Koch

Wir machen die Welt
ein klein bisschen schöner.